Isenberg/Schulz

Karriere mit Video

Isenberg/Schulz

Karriere mit Video

Das praktische Handbuch für geschäftlichen Erfolg

Pietsch-Verlag Stuttgart

Umschlag und Layout: Herbert Emmer

Alle hier erteilten Ratschläge und Ansichten beruhen
auf den persönlichen Eindrücken und Erfahrungen der Autoren.
Sie können subjektiv sein.

ISBN 3-613-50010-8

1. Auflage 1984
Copyright © by Pietsch-Verlag, Postfach 1370, 7000 Stuttgart 1.
Eine Abteilung des Buch- und Verlagshauses Paul Pietsch GmbH &
Co. KG.
Gesamtherstellung: Wilhelm Röck, 7102 Weinsberg.
Printed in Germany.

Inhalt

Inhalt

Vorwort

Jüngste Untersuchungen zeigen, daß Westeuropa heute der größte und am schnellsten expandierende Videomarkt der Welt ist. In Europa sind jetzt schon über 15 Millionen Video-Recorder im Einsatz, während in den USA ›nur‹ acht bis neun Millionen Geräte arbeiten. Japan liegt mit 7,5 Millionen Recordern erst an dritter Stelle dieser Hitliste.

Daraus läßt sich für uns ein weiter steigendes Interesse ableiten, denn die Rekorde wollen mit immer neuen Bändern gefüttert werden.

Lag im vergangenen Jahr der Software-Umsatz, das sind bespielte oder unbespielte Bänder, noch bei 3,5 Milliarden Mark, werden schon für 1986 mit über 12 Milliarden Mark neue Umsatzgipfel von der Branche erwartet. Man will bis 1986 in jedem zweiten westeuropäischen Haushalt ein Videogerät stehen sehen.

Mögen diese Zahlen jetzt noch utopisch sein: sicher ist, daß keine Branche in den letzten Jahren mehr für spektakuläre Schlagzeilen gesorgt hat, als das Geschäft mit den elektronischen Medien.

Für Leute mit Ideen und Know how bietet es fast einmalige Gewinnchancen. Hier existiert die Möglichkeit, mit recht geringem Startkapital eine neue Karriere aufzubauen. Dabei soll dieses Buch helfen.

Zwei Wege, mit Video
Geld zu verdienen

Geschäftsleute fassen das Rezept für ihren finanziellen Erfolg gern in einem einzigen Wort zusammen: Mut. Damit meinen sie den Mut zur Verantwortung, den Mut zum Risiko, den Mut zur Entscheidung. Sie verschweigen dabei freilich gern, daß Entscheidungen nur der treffen kann, der über verschiedene Möglichkeiten nachgedacht hat. Das heißt nichts anderes als: Mut allein genügt nicht.

Zuvor müssen viele Möglichkeiten bedacht und erdacht (damit die Idee möglichst nicht abgegriffen ist), im Kopf durchgespielt (um zu sehen, ob eine Idee realisierbar ist) und berechnet (damit es sich auch lohnt) werden. Erst dann kann die Entscheidung für **Lohnt es sich?** einen hoffentlich erfolgreichen Geschäftsanfang getroffen werden. Der Sprung ins kalte Wasser verliert erheblich an Schrecken, wenn vorher nachgemessen wurde, wie tief das Wasser ist – Pfütze oder Ozean. Das Frösteln am Anfang ist leichter zu ertragen, wenn von vornherein feststeht, daß das sichere Ufer erreichbar ist.

Das gilt auch für Video. In den ersten Tagen des Videobooms fühlte man sich in Goldrauschzeiten zurückversetzt. Viele riskierten für das schnelle Geld alles, aber nur wenige erreichten ihr Ziel. Die meisten scheiterten, weil sie den Trend des Booms und seinen kurvigen Weg nicht voraussehen konnten, weil sie über Video viel zu wenig wußten.

9

Wer heute mit Video Geld verdienen will, kann sich schon an Vorbildern orientieren – an erfolgreichen, versteht sich. Er sollte aber auch sich selbst und seinen Begabungen kennen und mit ins Kalkül ziehen.

Handeln oder Herstellen?

Prinzipiell gibt es zwei Möglichkeiten, mit Video Geld zu verdienen – mit Handel oder durch die Herstellung eigener Filme.

Handel – das ist ein weiter Begriff, unter dem sich die bekannten Videotheken genauso verbergen wie etwa ein Kopierservice oder ein Institut, das Videotestamente aufnimmt. Wer ein ähnliches Geschäft aufmacht, betrachtet Video meist als ganz normale Handelsware – verkauft oder verliehen wird die bespielte Cassette. Das Geschäft läuft nach den üblichen Gepflogenheiten – der Gewinn steckt zwischen Unkosten und Einnahmen. Wer eine kaufmännische Ausbildung oder doch zumindest Neigung dafür hat (dazu gehören vor allem Ordnungssinn und Organisationstalent), sich zusätzlich intensiv mit dem sich ständig ändernden Videomarkt beschäftigt, ihn gründlich beobachtet und

Wissen, was der Kunde will

analysiert, und wer weiß, was seine Kunden wünschen, wird eine Videothek im üblichen Sinn erfolgreich führen können.

Anders ist es, wenn man sich auf die Herstellung eigener Filme konzentrieren will. Die meisten werden zunächst das Videofilmen nur als Hobby betreiben.

10

Sie müssen dafür schon relativ viel Geld in die Ausrüstung investieren (unter 4000 Mark ist selbst eine einfache Videofilmanlage aus Recorder und farbtüchtiger Kamera kaum zu haben). Danach müssen die neugebackenen Videofilmer sehr viel üben, um brauchbare Ergebnisse auf den Bildschirm zu bekommen. Videofilmen hat seine eigenen Gesetze (ziemlich viele), die man möglichst alle kennen und anwenden sollte. Jeder erfahrene Video-Kameramann bestätigt, daß Filmen auf Video fast schon eine richtige Ausbildung verlangt, denn es ist ein Handwerk mit all seinen Anforderungen.

Filmen hat seine eigenen Gesetze

Erst nach etlichen Filmen und nach relativ langer Zeit wird es sich herausstellen, ob jemand das Filmhandwerk gelernt hat, genügend Begabung und auch Geduld fürs Videofilmen mitbringt. Alles ist unbedingt notwendig, wenn jemand mit dem Gedanken spielt, aus seinem Hobby einen Gelderwerb zu machen.

Oft wird dieser entscheidende Schritt auch in mehreren kleineren Schritten getan – und das ist gar nicht unvernünftig. Da hat beispielsweise jemand die Idee, seine Videofilmkenntnisse zu verwerten, indem er Hochzeiten und andere Familienfeste filmt und diese Videofilme an das Brautpaar, den Jubilar oder andere an solchen Festen beteiligte Personen verkauft. Keine schlechte Idee. Nur – wird das funktionieren?

11

Mit dem eigenen
Hobby Geld verdie-
nen gelingt am be-
sten mit einer un-
problematischen
Handkamera.

Surfen lernt sich
leichter durch die
Kontrolle mit dem
Videofilm. Wohl je-
der Surfer möchte
den Streifen als
Erinnerung mit-
nehmen.

Zuerst muß der Markt ausgelotet werden: Wie- **Markt ausloten**
viele derartige Feste sind zu erwarten? Wieviele der
möglichen Kunden haben überhaupt eine Videoanlage, so daß Interesse an einem Videofilm bestehen
könnte? Wie erfahren meine potentiellen Kunden von
meinem Service? Was kann ich für so einen Familien-
feier-Film verlangen? Sind meine Kunden mit mir
zufrieden, so daß sie mich weiterempfehlen?

Wer all diese Fragen ignoriert und hofft, daß sie
die Praxis später günstig beantworten wird, geht ein **Kein**
schier unerträglich großes Risiko ein. Viel sinnvoller **unerträgliches**
ist es, sich zum Beispiel bei einer Hochzeit vor einer **Risiko**
Kirche einzufinden und die Erlaubnis zum Filmen zu
erbitten – ohne gleich verkaufen zu wollen. Später
kann man dem Bräutigam eine Kopie des Videofilms
schicken – nur zum Ansehen, ohne Geld dafür zu
verlangen. Er wird sicher auf die Cassette reagieren
(entweder er schickt sie zurück oder er wird sie
behalten wollen). Aus dieser Reaktion ist abzusehen
● ob man sein filmisches Handwerk beherrscht,
● ob der Service »Hochzeitsvideo« überhaupt auf
Gegenliebe stößt und
● ob und wieviel man für einen solchen Service
verlangen kann.

Sind diese Punkte geklärt, kann sich jeder hinset-
zen und ausrechnen, ob sich seine Idee lohnt. Dazu

13

Kosten und Ertrag

müssen Zeitaufwand, Produktionskosten und alle anderen Unkosten genau aufgelistet und dem Ertrag gegenübergestellt werden. Erst wenn das Ergebnis dieser Berechnung zufriedenstellend ausfällt, kann man sich weiter ernsthafte Gedanken machen, ob man mit der Idee ein eigenes Geschäft aufbauen will. Für den Anfang empfiehlt es sich, diese Tätigkeit nur nebenberuflich auszuüben. Selbst großartige Anfangserfolge sind keine Garantie dafür, daß ein Geschäft immer gut geht. Gerade Filme sind sehr stark dem Geschmack der Zeit unterworfen – und was hier heute noch »in« ist, ist morgen schon »out«.

Video ist Service

Überhaupt zeigt sich, daß die meisten Versuche, sich als Videofilmer zu ernähren, entweder schnell wieder eingestellt werden oder aber zu einem weiter ausufernden Videoservice-Geschäft werden. Denn Video ist heute nichts anderes als ein Service. Es ist ein Mittel, Ereignisse in bewegten Bildern festzuhalten, zu dokumentieren, und das ganz individuell. Und auf diese individuellen Wünsche und Möglichkeiten werden Videofilmer immer stärker eingehen müssen, wenn sie auf Dauer erfolgreich sein wollen.

Video ist beileibe kein einfaches Geschäft – das gilt sowohl für den Handel als auch für das Filmen. Die Bedingungen ändern sich fast täglich. Da gibt es lau-

fend neue Techniken, die beachtet und sinnvoll ange- **Neue Techniken**
wendet werden müssen. Video ohne Technik geht **beachten**
nicht. Aber auch der Geschmack und die Wünsche des
Publikums ändern sich fortlaufend. In Videotheken
müssen ständig die richtigen Filme parat liegen, weil
man mit Ladenhütern keine Kassen klingeln lassen
kann. Videofilme aus eigener Hand müssen manchmal
schon fast professionell sein, denn die Kunden sind
kritisch und gute Qualität vom täglichen Fernsehabend
her gewöhnt.

Das schnelle Geld mit Video gibt es heute kaum
mehr. Dafür aber gute Verdienstmöglichkeiten, wenn **Gute Verdienst-**
man sich intensiv um das Medium Video und seine **möglichkeiten**
vielfältigen Aussichten kümmert. Voraussetzung ist
allerdings immer eine große Sachkenntnis, dazu genügend Selbstdisziplin und die Bereitschaft, ständig wei-
terzulernen.

Die Videothek: Risikogeschäft

Eigentlich kann es gar keinen anderen Rat geben als: Finger weg! Das Geschäft mit dem Verleih und Verkauf von Video-Filmkassetten ist gefährlich. Die vielen Pleiten der letzten Jahre zeigen es deutlich.

Ausnahme: Cassetten-Millionär

Aber was ist mit denen, die Erfolg hatten mit ihren Videotheken? Mit den Cassetten-Millionären? Waren das nur die großen Ausnahmen? Hatten sie ein besonderes Rezept?

Es ist nach wie vor so: Mit einer Videothek kann man Geld verdienen. Allerdings genügt es nicht, irgendwo einen Raum zu mieten, den mit irgendwelchen Cassetten vollzustopfen und dann auf das große Geld zu warten. Dieses Rezept, nach dem viele verfahren sind, zeigt den sichersten Weg in die Pleite. Wer mit einer Videothek Erfolg haben will, muß sich zuallererst um die gleichen kaufmännischen und verkäuferischen Grundsätze kümmern wie jeder Kaufmann in jeder anderen Branche auch.

Was erwartet der Kunde?

Es ist ganz klar: Alle wichtigen Grundüberlegungen müssen immer auf den potentiellen Kunden ausgerichtet sein. Was erwartet der Kunde? Wie kann ich ihm klarmachen, daß ich ihm genau das biete, was er haben will? Was kann ich dafür verlangen? Das sind die Grundfragen, die geklärt werden müssen.

Am besten geht man nach der Praxis einer normalen Geschäftsgründung vor. Zunächst gilt es zu klären: Wo kommt die Videothek hin? Eine Videothek draußen am Waldrand zu installieren, wo sich höchstens Fuchs und Hase gute Nacht sagen, ist zweifellos ein Unfug. Die paar Jogger oder Hobby-Ornithologen, die sich dorthin verirren, können nicht für einen guten Umsatz sorgen. Deswegen: Eine Videothek muß möglichst dort installiert werden, wo viele Menschen hinkommen.

Natürlich bieten sich die zentralen Lagen in den Städten an. Gut sind aber auch Geschäftsräume direkt bei Haltestellen von Bahn, Bus, Straßenbahn oder U-Bahn, genauso wie bei großen Einkaufszentren, selbst draußen bei den großen Wohngebieten vor der Stadt kann sich eine Videothek unter Umständen lohnen. Andere Standorte kommen für ein gutes Geschäft aber kaum in Frage.

Das wichtigste ist, daß viele Menschen dort immer wieder vorbeikommen. Und zwar gezwungenermaßen. Zum einen wird man an viele Menschen mehr verkaufen oder verleihen können als an wenige. Zum anderen wird ein videothekentypischer Nachteil durch eine derart ausgesuchte Lage weitgehend gemildert: Man wird es kaum mehr als Zwang empfinden, daß man Videocassetten selbst abholen und selbst wieder zurückbringen muß, wenn die Videothek auf einem ohnehin mindestens einmal wöchentlich begangenen Weg liegt. Denn Umfragen zeigen, daß Videothekenangebote viel häufiger genutzt würden, wenn das umständliche Bringen und Holen nicht wäre.

Der große Treffpunkt

17

Niveau muß sein

Als nächstes gilt es, auf die äußere Erscheinung der Videothek zu achten. Vorbei sind die Zeiten, in denen jeder Keller in einem halbverfallenen Mietshaus akzeptiert wurde. Das Videothekengeschäft ist gewachsen, ist sauber, kein Kellerkind mehr. Die Kunden haben Niveau und wollen das gleiche Niveau auch in der Videothek wiederfinden. Deshalb müssen die Geschäftsräume ansprechend ausgebaut und relativ großzügig geschnitten werden. Auf keinen Fall sollten Videotheken mehr an Pornoläden erinnern. Abgegriffen und schmuddelig ist nicht gefragt.

Das gilt auch für die Inneneinrichtung. Sie muß übersichtlich und klar sein. Der Kunde muß sehr gezielt die Filme seiner Wahl finden können. Aber davon später mehr.

**Kassieren
pro Verleih**

Zunächst generell: Wie funktioniert eine Videothek? Das ist ziemlich einfach: Wer eine Videothek eröffnet, kauft von den Videocassettenanbietern bespielte Videocassetten. Dafür bezahlt er einen festen Preis. Dadurch erwirbt er das Recht, den Film beispielsweise zwei Jahre lang ausleihen zu dürfen. Für jedes Verleihen kassiert der Videothekar von seinem Kunden eine Gebühr. Nach Ablauf der zwei Jahre gehört der Film meist dem Videothekenbesitzer und er kann ihn weiterverkaufen. Nur wenige Anbieter verlangen die Cassette vom Videothekar nach Ablauf der zwei Jahre wieder zurück. Aber auch das gibt es.

18

Die Rentabilitätsrechnung ist oberflächlich ganz einfach: Wer beispielsweise einen Film für 200 Mark gekauft hat und ihn zum Tagessatz von 5 Mark verleiht, muß den Film mindestens 40 Tage verleihen, um keinen Verlust zu machen (Steuern, Personalkosten und Miete für die Geschäftsräume sind hierbei nicht berücksichtigt). Wer es ganz genau wissen will, darf die »Nebenkosten« natürlich dabei nicht außer acht lassen – und selbstverständlich auch nicht die Summe, die er am Ende der Verleihzeit für den Verkauf des Films erlösen kann.

Vierzig mal verleihen innerhalb von zwei Jahren – da kann man schon erkennen, wie wichtig es ist, das richtige Programm anzubieten. Das einfachste Erfolgsrezept scheint zu sein: Nur Renner anbieten. Tatsächlich werden die Filme, die momentan vom Kino her im Gespräch sind, auch in den Videotheken am meisten gesucht. Dabei ist es gar nicht schwer, zu erkennen, welche Filme Renner in der Videothek sein werden. Denn ein Grundsatz hat sich immer wieder bewahrheitet: Was im Kino gut gegangen ist, geht auch in der Videothek gut.

Mit ein klein wenig Vorsicht allerdings: *Action-Filme,* die im Kino gefragt waren, werden auch in der Videothek gesucht – so muß das todsichere Rezept heißen. Action ist das, was am liebsten konsumiert wird. Von diesen Filmen haben viele Videotheken deswegen auch gleich mehrere Kopien auf Lager, damit die Kunden nicht zu warten brauchen, bis der verlangte Film wieder zurückgegeben wurde.

Action ist gefragt

19

Über 1500 Stunden lang wurde dieses neuartige Rennboot getestet. Die Videokamera zeichnete das Fahrverhalten unter allen Bedingungen auf. Das Handwerkszeug war eine einfache VHS-Handkamera. Der Gewinn: Die Weltmeisterschaft.

Professioneller Einsatz bei einem der zahllosen privaten amerikanischen TV-Sender. Bald auch bei uns?

Bestseller in den USA:
Surfer Videofilme.
Die wasserdichte Video-Kamera fehlt noch.

Allerdings hat sich gezeigt, daß Videotheken, die nur mit Rennern operieren, an Bedeutung gegenüber anderen Videotheken mit weiterem Programm schnell verlieren. Keine Frage: die Renner müssen sein, aber sie müssen in ein entsprechendes Umfeld gebettet sein, mit dem sich auch treue Stammkunden **Stammkunden** heranzüchten lassen. Der Trend geht immer mehr zu **züchten** den Videotheken mit großem Programm. Gut ausgestattete Videotheken bieten heute 3000 Titel und mehr.

Das kommt dem Kauf-(hier Leih-)verhalten der meisten Kunden entgegen. Sie verhalten sich in einer Videothek nämlich auch nicht anders als in einem Kaufhaus oder in einem Buchgeschäft: Man geht mit bestimmten Wünschen und Vorstellungen hinein, genießt dann die Fülle des Angebots, läßt sich verführen, kauft zusätzliche Dinge oder ändert seine Kaufentscheidung, mit der man das Geschäft betreten hatte, einfach um. Videothekenbesucher wollen bei- **Stöbern lassen** spielsweise einen harten Actionfilm für Samstagabend, stöbern ein Weilchen, finden einen Film, der sie vor Jahren fasziniert hat und ziehen mit ihm hochglücklich ab. Der Action-Film ist vergessen. Solche glücklichen Kunden werden immer wieder kommen. Und natürlich werden sie irgendwann auch den Action-Film mit einpacken.

Viele Videothekare gehen deswegen dazu über, auch ganz spezielle Filme bevorzugt zu führen. Da gibt es welche, die stadtweit als Humphrey Bogart-Spezialisten bekannt sind, oder als Western-Fans, oder

Produzent von 28 Video-Filmen. Seine Spezialität sind Bauanleitungen von Super-Trucks für Modellbauer. Die Filme werden in Fachzeitschriften per Kleinanzeige vertrieben.

Treue Kunden

Fantasy-Experten. Diese Videotheken haben eine relativ gut planbare, sehr treue Kundschaft und einen guten Umsatz. Man muß nur herausfinden, was wo gefragt ist.

Damit einem das leichter fällt, ist es fast unumgänglich, daß sich ein Videothekar sehr intensiv mit den Filmen, den Schauspielern, Regisseuren und der Filmgeschichte beschäftigt. Er muß einfach Bescheid wissen, schon weil viele Kunden mit sehr vagen Vorstellungen kommen und den Film haben wollen, »in dem damals der Dustin Hoffman ein Indianer war« (Little big man). Solche und ähnliche Fragen wollen beantwortet werden, sie müssen beantwortet werden, wenn man den geschäftlichen Erfolg nicht aufs Spiel setzen will.

Mit seinem Fachwissen wird es dem Videothekar dann auch nicht schwerfallen, seine Videothek nach vernünftigen Gesichtspunkten zu ordnen, wobei der Schwerpunkt wirklich auf »vernünftig« liegt. Denn eine Ordnung, die der Kunde nicht rasch verstehen kann, wird ihm nicht helfen, sondern ihn höchstens verwirren. Denkbar ist dabei, daß man einige Regale für die aktuellen Filme, die frisch auf den Markt kommen, an bevorzugter Stelle reserviert – schließlich werden sie am meisten verlangt. Den Grundstock der Videothek sollte man dann zum Beispiel einrichten nach: Action, Western, Krimi, Lustspiel, Heimatfilm, Eastern und so weiter. Dazwischen plazierte

Schwerpunkt: Vernunft

24

Erinnerungs- und
Heimatfilme sind in
Amerika die Renner
am Andenkenkiosk.
Ideales Betätigungs-
feld für Halbprofis.

Kleintheater-Kunst
auf Video? Warum
nicht. Geräuschlose
Aufnahme-Technik
mit fest installierten
Kameras belästigt
niemand.

Spezialisten-Ecken wirken immer belebend und machen neugierig (Bogart-Ecke, Beatles-Filme, Fußball-Filme).

Auf Ort und Zeit einstellen

Natürlich ist es auch anzuraten, sich bei der Zusammenstellung und Ordnung seines Programms nach den jeweiligen örtlichen und zeitlichen Gegebenheiten zu richten. Zum Beispiel muß eine Videothek, die ein großes Einzugsgebiet mit ausländischen Mitbürgern hat, das berücksichtigen. Gerade die Ausländer, die unter uns leben, haben ein großes Bedürfnis nach Videofilmen in ihrer Landessprache. Als zeitliches Ereignis kann zum Beispiel Weihnachten berücksichtigt werden, zu dem besonders Kinder- und Zeichentrickfilme angeboten werden könnten. Oder aber

Fußball-WM muß sein

auch eine Fußballweltmeisterschaft ist ein aktuelles Ereignis, an dem eigentlich kein Videothekar vorübergehen kann. Jetzt werden die Fußballfilme ganz besonders angeboten.

Gar nicht offen anbieten dürfen die Videotheken zwei andere Sparten von Filmen, die ein gutes Geschäft versprechen: Porno und gewaltverherrlichende Filme. Wer solche Filme offen in seiner Videothek anbietet, muß jederzeit mit dem Staatsanwalt rechnen. Porno- und gewaltverherrlichende Filme dürfen nur unter dem Ladentisch geführt und an Berechtigte (über 18 Jahre) auf Verlangen herausgegeben werden. Oder aber man richtet einen Extraraum mit Tür ein, auf der ganz deutlich steht, daß dieser Raum nur von

Erwachsenen über 18 Jahren betreten werden darf. Viele Videotheken verzichten deshalb einfach auf dieses Zusatzgeschäft.

Es lohnt sich allerdings trotzdem, immer einen Blick auf die Liste der indizierten Filme zu haben. **Indizierte Filme** Denn Filme, die heute noch unbeanstandet bleiben, können morgen schon auf der schwarzen Liste stehen. Und dann ist der unvorsichtige Videothekar dran. Einige Videotheken schließen dieses Risiko heute schon aus, indem sie einfach auf jugendliche Kundschaft verzichten und die ganze Videothek Erwachsenen über 18 Jahre vorbehalten.

Egal wie man sich entscheidet, das Publikum muß darüber informiert werden, was man anzubieten **Werbung** hat. Ohne Werbung hat auch eine Videothek kaum **machen** Überlebenschancen.

Die einfachste Form der Werbung findet im Schaufenster statt. Filmplakate, Cassettenhüllen, Filmfotos und dergleichen genügen oft, um das Publikum anzulocken – aber die Auswahl muß stimmen. Klar, daß die Renner auch in der Auslage vertreten sein müssen. Zusätzlich sind aktuelle Filme am werbeträchtigsten (zu Festen, Sportereignissen, politischen Entwicklungen, gesellschaftlichen Problemen), gefolgt von Sonderangeboten. Es wirkt immer, wenn beispielsweise ganz bestimmte Filme über einen gewissen Zeitraum billiger verliehen werden als sonst (zum Beispiel im Paket). Das muß natürlich im Schaufenster klar gemacht werden.

Sonderangebote machen

Solche Sonderangebote sind natürlich auch gute Aufhänger für eine Werbeannonce in der örtlichen Tageszeitung. Dafür sollte man immer die Wochenendausgabe heraussuchen (Freitag oder Samstag), weil dann die Anzeigen erstens intensiver gelesen werden und zweitens der Bedarf an geliehenen Videofilmen steigt. Sonderangebote können also die Grundlage für eine Zeitungsanzeige sein. Dabei ist es wichtig, klipp und klar und kurz zu sagen, was man anzubieten hat – ohne Schnörkel. Das wird zweifelsfrei verstanden und wirkt am besten. Dazu können noch einige andere Filmtitel und ihre Mietpreise aufgeführt werden. Solch eine Anzeige wird viele Kunden gewinnen.

Klipp und klar das Angebot sagen

Aber trotz vieler Kunden, denen sogar noch zusätzliche Anreize zum Besuch der Videothek geschaffen werden können (etwa eine Telespiel-Ecke), muß sich eine Videothek nicht rentieren. Es kommt vor, daß selbst offensichtlich gut gehende Videotheken wieder zumachen müssen. Die Ursache liegt meist in der Unordnung.

Wer tausend, zweitausend oder gar dreitausend Filme anbietet, weiß sehr bald nicht mehr, was sich lohnt und was sich nicht lohnt, ob alles richtig plaziert ist oder nicht. Deswegen sollte jede Videothek grundsätzlich mit einem Computer geführt werden, in dem jeder Verleihvorgang genau registriert wird. Dadurch entsteht schon in kürzester Zeit eine große Datenmenge, die oft erstaunliche Rückschlüsse zuläßt. Da kann man zum Beispiel erkennen, daß die Videothek in einem ausgesprochenen Video-2000-Nest liegt, und man deswegen weniger VHS-Cassetten kaufen sollte, daß verschiedene Filmgruppen gar nicht oder viel mehr verlangt werden als man angenommen hat.

Computer-Hilfe

Schnell reagieren

Der Computer ist freilich eine Investition, die vermutlich erst gewagt werden kann, wenn die Videothek schon einige Zeit erfolgreich besteht. Denn die Kosten selbst für eine kleine Videothek sind enorm. Unter 50 000 Mark Kapitel ist ein Anfang praktisch gar nicht möglich.

Know how: Welcher Künstler ist schon ein Genie?

Die wenigsten. Trotzdem verdienen viele Leute ihr Geld in künstlerischen Berufen. Oft sogar viel Geld. Und bei genauer Betrachtung enthüllt sich auch, was unabdingbar notwendig ist für den Erfolg in einem künstlerischen Beruf (man wagt es kaum auszusprechen): ein solides Handwerk.

Für Videofilmer bedeutet das zunächst ganz einfach: Sie müssen lernen, mit ihrer Kamera umzugehen, wirklich einfach lernen. Wo ist der Auslöser, wo der Weißabgleich, wo steckt der Blendenregler, wie wird zurückgespult? Das alles lernt sich am besten in der Praxis. Und es ist ja auch kein Problem, einige Stunden Videofilm einfach zum Üben zu drehen, weil es fast nichts kostet. Das Band ist billig und kann außerdem wieder überspielt werden. Also nur zu!

Praxis ist am besten

Wer dann die notwendige Fingerfertigkeit erlangt hat, wird auch schon einige gestalterische Mittel in der Praxis bei seinen Übungen kennengelernt haben. Zum Beispiel das Problem mit der Schärfe.

Wie scharf stellen?

Scharfstellen ist bei einer Videokamera oft gar nicht so einfach. Denn schon die ersten Probeaufnahmen zeigen, daß nur die Gegenstände in einem sehr engen Bereich vor der Kamera wirklich scharf abgebildet werden. Zum Beispiel alles zwischen 3 und 5 Meter Entfernung. Was davor oder dahinter liegt, ist auf dem Bildschirm deutlich unscharf. Wie weit der Bereich der Schärfe reicht (der Schärfentiefenbereich), hängt von verschiedenen Faktoren ab:

30

● von der Brennweite. Faustregel: je länger die Brennweite, desto enger der Schärfentiefenbereich;
● von der Blende. Faustregel: je größer die Blende, desto enger der Schärfentiefenbereich;
● von der Aufnahmeentfernung. Faustregel: je kürzer die Aufnahmeentfernung, desto enger der Schärfentiefenbereich.

Leider kann man in der Praxis nicht einfach den maximalen Schärfentiefenbereich wählen – und damit das leidige Problem mit dem Scharfstellen lösen. Denn die Blende muß eben geöffnet werden, wenn das Licht weniger wird, und auf Großaufnahmen (also kurze Aufnahmeentfernung oder lange Brennweite) will kein Videofilmer aus dramaturgischen Gründen verzichten. Damit wird aber der Bereich der Schärfe jedesmal geringer. Allerdings gibt es einen einfachen Trick, mit dem jederzeit genügend Schärfe genau in den Bildpartien erzielt wird, in denen sie gewünscht ist. Die Regel dazu lautet: Aufblenden, Teleeinstellung wählen, scharfstellen. Jetzt ist der Schärfentiefenbereich derart gering, daß die Schärfe beim kleinsten Dreh am Einstellring geradezu »springt«. Danach kann dann das Objektiv auf die gewünschte Blende und die optimale Brennweite eingestellt werden.

Dramaturgie geht vor

Bei den Übungen zum Scharfstellen wird man auch auf die Spur einiger anderer gestalterischer Tricks kommen. Zum Beispiel zum Einsatz gewollter

31

Ballettunterricht,
Jazz- und Break-
Dance-Schulung,
leichter geht's mit
der Video-Kontrol-
le. Preiswerteres
Lehrmaterial gibt es
nicht.

Amerikanisches BTX-Rennen auf einer High School-Fete. Kurze Strecke, viel Aktion, dankbare Abnehmer mit vielen Kopierchancen für Amateur-Videofilme.

Dragster-Rennen (oben) und Mini-Indianapolis-Rennwagen. Wer möchte sich nicht als Rennfahrer sehen? Schnelles Geld für fixe Amateur-Filmer. Fünf-Minuten-Streifen kosten in Amerika 50 Dollar.

Gezielte Unschärfe

Unschärfe. Oft wirkt eine Aufnahme erst dann dynamisch, wenn einzelne Bildpartien in der Unschärfe versinken. Etwa bei Porträts. Hier läßt sich das Gesicht regelrecht aus dem Raum lösen und gewinnt Plastik, wenn der Hintergrund unscharf ist; bei einer Landschaftsaufnahme kann ein unscharfes Detail im Vordergrund erst die plastische Tiefe bewirken.

Mit dem Zoom-Objektiv lassen sich lange Brennweiten, die eine sehr geringe Schärfentiefe bringen, leicht einstellen. Ein kleiner Dreh hin und her am Scharfstellring kann nun die Schärfenebene dramaturgisch geschickt hin und her verlagern. Etwa wenn ein Interview aufgenommen wird. Dann könnte die Schärfe immer auf den jeweils gerade Sprechenden gelegt werden.

Unschärfe trennt

Scharf und unscharf trennt auch optisch Wichtiges von Unwichtigem. Etwa wenn auf das Osterei hingewiesen wird, das in einem Film die ganze Familie mühsam sucht.

Zur Vorbereitung, die einfach unumgänglich ist, ehe man sich an den ersten »richtigen« Videofilm wagt, gehört auch, sich über die Bildkomposition Gedanken zu machen und sie auszuprobieren. Der Rahmen jedes Videobildes ist durch den Bildschirm des Fernsehgeräts fest vorgegeben. Um maximale Bildwirkung zu erzielen, sollte man sich an einige

34

Regeln halten, die helfen, die schlimmsten Gestaltungsfehler zu vermeiden.

Die erste Regel lautet: Das Bild nicht in zwei gleiche Hälften einteilen. Also das Bild nicht durch einen Horizont in der Mitte waagrecht teilen oder auch nicht durch einen Turm in der Bildmitte senkrecht. Beides wirkt langweilig. Schon wenn die Linien ein klein wenig verschoben werden, löst sich die Langweiligkeit auf. **Bild nicht teilen**

Die zweite Regel: Immer freien Raum in Blickrichtung oder Fahrtrichtung lassen. Wird zum Beispiel ein Mädchen aufgenommen, das nach links blickt, sollte das Mädchen an den rechten Bildrand rücken, damit links freier Raum bleibt. Das gleiche gilt für ein Fahrzeug oder einen Menschen oder ein Tier in Bewegung. Führt die Bewegung nach links, muß der bewegte Gegenstand an der rechten Bildseite plaziert werden.

Mit diesen Grundkenntnissen können auch Anfänger schon einzelne Szenen drehen, die ganz passabel aussehen. Ein richtiger Film braucht freilich mehr Wissen, mehr Vorbereitung und vor allem auch Ideen. **Passable Szenen**

Jeder Film setzt sich aus einer ganzen Anzahl von einzelnen Szenen zusammen; die wiederum können aus ganz unterschiedlichen Kameraeinstellungen gedreht werden. Um den genauen Ablauf eines Films zu planen, müssen diese Szenen, die Kameraeinstel-

Fachsprache

lung und vieles mehr vorher überlegt und festgelegt werden. Und noch mehr: Jede Szene muß für alle daran Beteiligten so genau beschrieben werden, daß sich jeder möglichst das Gleiche darunter vorstellt. Deswegen hat sich eine Fachsprache für die Kameraeinstellung gebildet, die heute in allen Studios verstanden wird.

Für den Amateur sind sechs Begriffe wichtig: Totale, Halbnah, Nah, Groß, Ganzgroß und Detail.

Die »Totale« zeigt einen Überblick über den Ort der Handlung. Wird oft zu Anfang des Films benützt, damit der Zuschauer weiß, wohin ihn der Film versetzt. In der Totalen sind die Personen in voller Größe zu sehen.

**Einstellungs-
sache**

Bei der Einstellung »Halbnah« sind die Darsteller noch in ihrer ganzen Größe zu sehen, rechts und links bleibt noch Platz für sie, um zu agieren.

»Nah« sind die Darsteller dann, wenn sie im Stehen vom Gürtel bis zu den Haarspitzen abgebildet sind, also nur der Oberkörper. Sitzende oder liegende Darsteller müssen in der nahen Darstellung die ganze Bildschirmbreite ausfüllen.

»Groß« heißt die Einstellung, wenn sie nur noch den Kopf des Darsteller szeigt. Diese Einstellung wird gewählt, wenn das Minenspiel eine innere Anteilnahme zeigen soll. Diese ausdrucksstarke Form erfordert natürlich Darsteller von einigem künstlerischen Talent. Stehen die nicht zur Verfügung, kann man sich mit Schnappschüssen helfen oder man verzichtet ganz darauf.

36

In der »Ganzgroß«-Einstellung ist der Kopf oben und unten schon angeschnitten. Hier wird noch mehr Ausdruck erwartet.

»Detail«-Einstellungen gehen ganz nah an Dinge heran, nehmen sie aus ihrem Umfeld, machen sie wichtig. Ein Detail in einem Film sagt soviel wie: Achtung! Die Spannung steigt rapide an, denn Details dramatisieren. Aber sie erklären auch.

Details zeigen

Auch für die Bewegungen der Kamera haben Profis eine Reihe von »Grundgesetzen« aufgestellt. So wird ein martialisch klingendes Mittel angepriesen, um dem Zuschauer die Dimensionen und die Anordnung des Raums klarzumachen, in dem die Szene spielt: Schuß und Gegenschuß heißt das Rezept. Es verlangt, daß für jede neue Einstellung auch ein neuer Blickwinkel gewählt wird, das macht den Schauplatz einer Szene klarer.

Dabei ist gar nicht so klar festgelegt, was Schuß und Gegenschuß ist. Nur soweit ist man sich einig: Der Schuß ist eine x-beliebige Aufnahme, der Gegenschuß muß aus einem völlig anderen Winkel erfolgen, der mindestens um 30 Grad vom Schuß abweicht.

Schuß und Gegenschuß

Dabei muß man allerdings aufpassen, daß man nicht über 180 Grad geht und einen Achsensprung zuläßt. Das wäre zweifellos eine filmische Todsünde.

37

Ein Beispiel soll das demonstrieren:

Werden zwei Personen gefilmt, die miteinander reden oder spazierengehen, dann verbindet sie eine Handlungsachse. Der Aufnahmewinkel kann nun **Auf einer Seite** beliebig variiert werden, solange sich die Kamera auf **bleiben** einer Seite der Achse hält – sie kann, einfach gesprochen, von links, von vorn und von rechts aufnehmen. Aber niemals von hinten, oder hinten links oder hinten rechts. Denn dann hätte die Kamera die Achse zwischen den beiden Personen überschritten, und die Person, die bei allen vorangegangenen Einstellungen rechts war, befände sich plötzlich links und umgekehrt. Keine Frage: Das verwirrt den Zuschauer erheblich.

Genauso verwirrend wäre auch, mitten in einer Halbzeit eines Fußballspiels den Kamerastandpunkt von einer Seite auf die andere zu verlegen. Auch das ist ein klassischer Achsensprung, vor dem zurecht gewarnt wird.

Verwirrung vermeiden hilft auch ein anderer Grundsatz: Bewegungsrichtung immer beibehalten. Wenn beispielsweise im Urlaubsfilm das Reisefahr- **Bewegungs-** zeug einmal von links ins Bild fährt und dann wieder **richtung** von rechts, stiftet das erhebliche Unsicherheit beim **beibehalten** Zuschauer. Er hat dann den Eindruck, daß er hier erfahren soll, daß jemand ganz ziel- und planlos durch die Gegend fährt – aber diesen Eindruck wollte man meist gar nicht erwecken.

38

Der eigene Sport-
verein kann der er-
ste Kunde für die er-
sten Filme sein.
Fachkenntnisse und
persönliche Kontak-
te sind anfangs
wichtiger als eine
Super-Ausrüstung.
Ein gutes Dreibein-
stativ würde die Auf-
nahmequalität aller-
dings steigern. Der
leicht bedeckte Him-
mel ist besonders vi-
deogerecht, weil da-
durch große Hellig-
keitskontraste ver-
mieden werden.

**Keine
Unklarheiten**

Aus all diesen Fehlermöglichkeiten entwickelt sich eine sehr wichtige Grundforderung an alle Filmer: Niemals den Zuschauer im Unklaren lassen, es sei denn, das gehört zur Dramaturgie der Handlung. Das heißt, daß der Zuschauer alles ohne Mühe verstehen können muß, daß Szenenwechsel keine Verwirrung hervorrufen dürfen. Ein Beispiel: Im Urlaub wird mittendrin der Aufenthaltsort gewechselt. Am ersten Domizil hat man gefilmt, nun ist man am zweiten angelangt und filmt einfach weiter. Wenn das so vorgeführt wird, merkt der Zuschauer vom Ortswechsel zuerst vielleicht gar nichts, dann dämmert's ihm, daß etwas nicht stimmt, er ist unsicher, bis es ihm erst nach einiger Zeit wenigstens ziemlich klar wird, daß ein Ortswechsel stattgefunden hat.

**Klarheit mit
Zwischenschnitt**

Diese Verwirrung darf nicht sein. Eine kleine Zwischenszene (Zwischenschnitt) stellt sofort Klarheit her. In diesem Beispielsfall könnten zum Beispiel einfach die Ortsschilder der beiden Städte (verlassene und neu aufgesuchte) kurz eingeblendet werden, und jeder wüßte Bescheid.

Verwirrung, zu guter Letzt, könnte auch durch eine technische Möglichkeit auftreten, die heute jede Videokamera bietet: durch den Zoom. Diese »Gummilinsen« sind zwar sehr praktisch, weil in kürzester Frist von Weitwinkel auf Tele umgeschaltet werden kann, aber viele Videofilmer sind von dieser Möglichkeit einfach viel zu fasziniert. Das Ergebnis: Sie

40

zoomen »auf Teufel komm' raus« – ran' ans Objekt, weg, ran', weg. Es könnte einem schwindelig davon werden, und der Sinn ist nicht einzusehen, das ist das Schlimmste. Deshalb raten alle Kameraprofis zu äußerst sparsamem Zoomgebrauch. Zumindest solange das Band läuft.

Schwindelig vor Zoomen

Viel mehr Dynamik, Spannung und Reiz bringen Perspektivwechsel ins Bild. Gehen Sie ganz runter auf den Boden in Froschperspektive, und sehen Sie, wie die Dinge wachsen, an Bedeutung gewinnen. Steigen Sie auf einen Turm, eine Leiter, und filmen Sie aus der Vogelperspektive, dann erleben Sie, wie die Übersicht wächst und die Dinge klein und zierlich werden. Jeder Bildinhalt wird seine entsprechende Perspektive finden (Kinder filmt man aus Kinderhöhe), und mit interessanten Perspektiven ist mehr zu erreichen als mit verwirrenden Zoomfahrten.

Reiz durch Perspektiven

Belebend sind meistens auch richtige Kamerafahrten. Dabei wird die Kamera mittels Stativ auf einem Wagen, an einem Auto, auf einem Boot befestigt. Selbst wenn sich die fahrbar gemachte Kamera jetzt nur ganz gerade nach vorn bewegt, entsteht beim Zuschauer der Eindruck der Räumlichkeit. Allerdings muß der Boden, auf dem der Kamerawagen rollt, sehr eben sein, damit das Bild nicht springt.

Die Kamera fährt

Kurvenfahrten bringen natürlich noch mehr Dynamik, und wer zum Beispiel vom Auto aus Fußgänger, Radler oder Motorradfahrer aufnimmt, wird sehr interessante Studien machen können. Mit einer derart entfesselten Kamera ist es natürlich auch möglich, die Kamera quasi als Auge des Hauptdarstellers zu verwenden. Sie zeigt dann genau das, was der Hauptdarsteller sieht. Allerdings muß man dabei ziemlich vorsichtig sein, weil die Kamerabewegungen dem Zuschauer sehr stark die Gefühle der handelnden Personen suggerieren. Schnelle Rückfahrten werden als Angst und Flucht empfunden, schnelle Vorwärtsfahrten suggerieren große Anteilnahme. Grundsätzlich sollte eine derart subjektive Kamera sehr ruhig und kontinuierlich geführt werden.

Schwenks immer langsam

Das gilt auch für Schwenks, ein beliebtes Mittel, um Panoramen zu zeigen. Dabei gilt: Der Schwenk muß um so langsamer erfolgen, je länger die Brennweite ist. Ausnahme: Der Reißschwenk, bei dem die Kamera regelrecht von einer Position in die andere gerissen wird. Dieses Stilmittel ergibt den Eindruck der gefährlichen Dramatik und sollte entsprechend sparsam angewendet werden.

Wer diese Grundkenntnisse kennt und genügend erprobt hat, kann daran gehen, den Plan zum ersten Film zu machen. Denn ohne Plan geht es nicht, wie Millionen langweiliger, weil ungeplanter Urlaubs-

42

filme beweisen. Ein Plan muß sein, damit der Film eine spannende Geschichte erzählt – was ja in der Regel von ihm erwartet wird. Der Plan muß sogar ziemlich ausführlich sein. Als erstes muß die Story an sich erdacht werden. Beispielsweise: Mann geht aus dem Haus, winkt zurück, übersieht Bananenschale, rutscht darauf aus, bricht sich Bein, kommt ins Krankenhaus, Freundin besucht ihn, bringt ihm Bananen, er ist sauer, und sie weiß nicht warum. Das könnte die einfache Geschichte für einen kurzen Film sein. Aber wie wird nun gedreht? **Plan muß sein**

Aus der Grundidee wird zunächst ein Exposé entwickelt, das die Geschichte viel detaillierter erzählt. Etwa so: Frühling. Sonntag vormittag. Ein junger, langhaariger Mann in Jeans tritt aus der Tür eines Vorstadthäuschens, geht eilig durch den Garten, öffnet das Gartentörchen und wendet sich nach links. Die Mutter schaut ihm besorgt aus einem Fenster im ersten Stock nach, er wendet sich noch einmal nach ihr um und winkt mit der linken Hand . . . und so weiter. Die Beschreibung wird also genauer, so daß sich jeder, der sie liest, schon fast den Film vorstellen kann. Solche Exposés sind meist auch die Verhandlungsgrundlage, wenn über den Auftrag zu einem Videofilm verhandelt wird. **Detailliertes Exposé**

Nach dem Exposé kann noch ein Treatment erstellt werden. Darin wird zum ersten Mal der ganze Stoff in Sequenzen, die dramaturgisch und bildlich **In Sequenzen aufteilen**

43

zusammengehören, zerlegt. Dabei werden auch die
Dialoge ausgeführt. Beispiel:

1. Sequenz:

Im Garten eines Vorstadthäuschens.
Blumen blühen, Vögel zwitschern, es ist sonnig, Mittag, die Haustür
geht auf, eilig kommt ein junger Mann raus. Er murmelt:»Wenn ich
die Straßenbahn nicht kriege, ist Karin weg.«

Drehbuch
erstellen

Nach diesem Treatment wird dann meist endgültig
das Drehbuch erstellt. Darin sind die einzelnen
Kamerastandpunkte, die Kameraeinstellungen genauso vermerkt wie der Ton, die Dialoge und die
Handlung.

Das Drehbuch für unseren kleinen Sketch könnte
so beginnen.

1. Sequenz

Im Garten eines Vorstadthäuschens
Sonnenlicht von links, die Kamera tastet aus einer tiefen Perspektive
die Blumen am Weg zur Haustür langsam ab, schwenkt dann auf die
Tür. Dann erfaßt die Kamera den Türgriff im Detail. Er bewegt sich
runter. Positionsänderung rechts direkt neben die Haustür. Junger
Mann kommt heraus und wird in halbnah von schräg hinten er-
faßt . . .

Tonteil:

Vögel zwitschern (die ganze Szene), Schritte auf dem Betonboden
(wenn der junge Mann läuft), ab und zu fernes Quietschen einer
Straßenbahn und Kinderstimmen

Wie man sieht, muß beim Drehbuch jedes Detail
schon bedacht werden. Die Geschichte muß in Einzel-
bilder aufgelöst sein, die sie angemessen erzählen, Ton

44

und Dialoge müssen stimmen, Kamerastandpunkte, Perspektiven und Einstellungen müssen durchdacht sein, und größtes Augenmerk gehört auch zwei Dingen, die den Film eigentlich erst ausmachen: Licht und Ton. Beide sind nicht unproblematisch.

Vor allem das Licht muß stimmen, wenn die Aufnahmen respektabel werden sollen. Die Menge des Lichts und seine Verteilung sind in erster Linie für die Qualität der Videoaufnahmen verantwortlich. Die beste Ausrüstung, die tollste Kamera, der vielseitigste Recorder und die besten Videocassetten nützen nichts, wenn der Videofilmer nicht das richtige Licht findet.

Das Licht muß stimmen

Denn jedes Gerät hat eine schwache Stelle. Bei Videokameras zeigt die Elektronik der Aufnahmeröhren Schwächen im Verarbeiten von Kontrasten. Denn die Elektronik hat nur einen gewissen Empfindlichkeitsbereich. Der darf durch die Helligkeitsunterschiede zwischen dunkelster und hellster Bildpartie nicht überschritten werden. Wird dieser Unterschied doch zu groß, werden eben alle sehr hellen Bereiche klar gezeichnet, die dunklen Partien »saufen« dagegen ab ins Schwarze. Werden aber die dunklen Stellen klar gezeichnet, überstrahlen die helleren Bereiche und wirken regelrecht ausgefressen. Das muß durch das richtige Licht vermieden werden.

Probleme mit der Helligkeit

45

Dunkle Objekte brauchen mehr Licht

Zum Videofilmen ist Licht notwendig. Ganz klar. Aber wieviel? Das hängt von den Objekten selber ab. Je nach ihrer Farbe und Beschaffenheit reflektieren sie das auftreffende Licht mehr oder weniger. Hellere Objekte brauchen deswegen weniger Licht als dunkle Objekte.

Bei den meisten Filmszenen werden aber beide Arten von Objekten vorkommen und noch viele Mischformen dazu. Das muß bei der Verteilung und der Menge des Lichts berücksichtigt werden.

Problemlose Automatik

Die Regulierung der Lichtmenge, die auf die lichtempfindliche Schicht der Aufnahmeröhre trifft, übernimmt die Blende. Die Kameraleute beim Fernsehen bedienen diese Blende manuell und sorgen so dafür, daß weder einzelne Bildteile überstrahlt werden noch andere »absumpfen«. In Amateur-Videokameras übernimmt im allgemeinen die Bedienung der Blende eine Belichtungsautomatik. In den meisten Fällen schafft sie das problemlos. Manchmal aber ist sie überfordert, und die geschilderten Fehler machen sich auf dem Bildschirm bemerkbar. Besonders dann, wenn eben sehr hohe Kontraste vorliegen, zum Beispiel ein Gesicht vor einem stark verschneiten, besonnten Wald. Hier wird jede Automatik auf die Helligkeit des sonnigen Schneewaldes reagieren und deswegen die Blende weit schließen, während die Gesichtszüge nur unzureichend belichtet werden. Hier müßte die Blende um wenigstens zwei Stufen geöffnet

werden, damit das Gesicht wieder zu erkennen ist.
Das gleiche passiert auch bei hoch stehender und
hell strahlender Sonne. Sie wirft so starke Schlagschatten, daß die Schattenpartien regelmäßig unterbe-
lichtet sind. Hier hilft Aufblenden (wobei die hellen
Partien dann aber leicht überstrahlen können), oder
noch besser: Aufhellen der Schattenpartien.

Gegen Schlagschatten: Aufblenden

Der Trick, den Profifilmer gern dafür anwenden,
heißt: Reflexionen ausnützen. Sie nehmen weiße Sty-
roporplatten, spiegelnde Metallfolien oder ganz einfach weiße Bettücher und stellen sie so, daß sie die
dunklen Schattenpartien durch reflektiertes Sonnenlicht aufhellen. Es ist erstaunlich, wie sich das Tages-
licht durch derartig einfache Mittel steuern läßt.

Auch bei Aufnahmen in Innenräumen, wo mit
künstlichen Lichtquellen gearbeitet werden muß, sind
helle Reflexionsflächen sehr hilfreich. Und sie sind vor
allem fast überall kostenlos da – in Form einer hellen
Zimmerdecke. Zwei oder drei Halogenleuchten würden zwar ausreichen, in einem großen Raum genügend
Licht für eine Videoaufnahme zu machen. Aber dabei
treten viele sehr harte Schlagschatten auf, die die
Aufnahme unbrauchbar machen müßten. Werden nun
die Lampen alle gegen die weiße Zimmerdecke
gerichtet, sind die Schlagschatten plötzlich weg, die
Lichtmenge reicht für die beabsichtigte Aufnahme
spielend, und alles ist in weiches Licht ohne starke
Kontraste getaucht.

Reflexions- flächen

Auch Pressefotografen mit starken Blitzlichtern nützen diese Reflektionen aus. Sie lassen den Blitz mit voller Leistung gegen die Decke strahlen und bekommen so ein gleichmäßiges, weiches Aufnahmelicht. Vom technischen Standpunkt her ist eine gleichmäßige Ausleuchtung überhaupt kein Problem. Das Ergebnis wäre aber dramaturgisch gesehen höchst langweilig. Videofilmer wollen und müssen mit Licht gestalten, wenn sie ansehenswerte Ergebnisse erzielen wollen.

Lichtquellen

Alle Lichtquellen und ihre Beleuchtungscharakteristika sind in der Beleuchtungstechnik ganz genau definiert, damit es keine Verwechslungen gibt. Üblich sind folgende Lichtquellen:
- Punktlicht,
- Flutlicht,
- Flächenlicht.

Dazu kommen die festgelegten Beleuchtungsrichtungen, die angeben, aus welcher Richtung Licht auf das Objekt fällt:
- Hauptlicht,
- Gegenlicht,
- Seitenlicht,
- Kopflicht.

Auch die Funktion, die jedes einzelne Licht beim Ausleuchten übernimmt, wurde definiert:
- Führungslicht,
- Normallicht,

48

● Hintergrundlicht,
● Füllicht.

Hauptlicht

Das Hauptlicht ist ein gleichmäßiges, weiches Flutlicht, das rechts, links oder auch zu beiden Seiten der Kamera, etwas vor der Kamera, parallel zur optischen Achse angeordnet ist und die Frontseite des Objekts gleichmäßig ausleuchtet. Die Fachleute sagen dazu auch Grundhelligkeit. Ein Flutlicht – ein weiches, gleichmäßiges Licht – leuchtet den Aufnahmeraum aus.

Punktlicht oder Spot dienen meist als Seitenlicht. Sie dürfen freilich nur an einer Seite angebracht werden, sonst verschwindet der Spot-Effekt wieder.

Führungslicht

Die wichtigste Lichtquelle ist das Führungslicht, die Beleuchter sagen dazu auch Keylicht (Schlüssellicht). Das ist das direkte Licht, das für die gewünschten Licht- und Schattenverhältnisse sorgt. Dieses Licht bringt Leben ins Bild und verschafft dem Zuschauer den Eindruck der dritten Dimension. Ideal für diese Aufgabe ist ein 1000 Watt starkes Spotlicht in einem Winkel von 45 Grad rechts oder links von der Kameraachse. Werden Personen aufgenommen, sollte das Keylicht zusätzlich etwas von oben kommen. Wegen der möglichen Schatten darf es allerdings nur leicht oberhalb der Augenhöhe angesetzt werden. Steht das Keylicht zu hoch, verwandeln sich die Augenhöhlen schnell in dunkle Löcher.

49

Das Kopflicht muß dafür sorgen, daß die Oberseite des Objekts sich vom Hintergrund abhebt. Ein Punktlicht ist für diese Aufgabe die geeignete Lichtquelle. Das Füllicht besteht aus einer oder mehreren Flutleuchten. Dieses Licht soll die durch die hellen Punktleuchten erzeugten Schatten aufhellen, um allzustarke Kontraste zu vermeiden.

Bei den bisher erwähnten Lichttechniken wurde oft das Punkt- und Spotlicht erwähnt. Das ist ein Scheinwerfer mit einer vorgesetzten Fresnellinse, die das Licht scharf bündelt und auf einen Punkt abstrahlt.

Klar begrenzter Bereich   Damit kann ein ganz klar begrenzter Bereich aus dem Umlicht eindeutig herausgenommen werden.

Eine sehr wichtige Beleuchtungsart ist das Gegenlicht. Dazu wird ein Spotlicht direkt hinter dem Objekt aufgestellt. Das hebt die Konturen besonders stark hervor, und bei Porträtaufnahmen bekommen die Personen einen Lichtkranz um die Haare.

Natürlich darf bei all diesen Effektlichtern die Grundhelligkeit keinesfalls vergessen werden. Dazu ist ein weiches, gleichmäßiges Licht nötig, das stark gestreut wird, damit keine Schatten entstehen. Meist

Flutstrahler   werden mehrere Flutstrahler über dem Objekt und dem Hintergrund angeordnet. Die Strahler über dem Objekt dürfen allerdings nicht so stark sein, daß Schatten entstehen.

Die Grundausleuchtung besteht aus einem Dreieck, in dessen Mitte sich das Aufnahmeobjekt befindet. Drei Lichtquellen sind dazu nötig: Spotlicht, Flutlicht und Gegenlicht. Das sieht ganz einfach aus. Ist es auch. Aber mit diesem geringen Einsatz (das Minimum, über das jeder Videofilmer verfügen sollte) lassen sich bereits beachtliche Effekte erzielen. Mit dem Spot beginnt das Ausleuchten. Er muß das Objekt plastisch und dreidimensional herausarbeiten. Am besten wird er rechts oder links neben der Kameraachse plaziert, leicht oberhalb des Aufnahmeobjekts.

Das Gegenlicht wird direkt hinter dem Objekt aufgestellt, damit es sich deutlich vom Hintergrund abhebt. Aber Vorsicht: nicht in die Kamera strahlen lassen, das könnte leicht die wertvolle Aufnahmeröhre ruinieren. **Vorsicht Kamera**

Spot und Gegenlicht haben nun das Objekt gut ausgeleuchtet und deutlich aus seiner Umgebung herausgearbeitet. Jetzt muß das Flutlicht die auftretenden Schatten ausgleichen, so daß zwischen hellen und dunklen Bildpartien die Kontraste nicht zu groß werden und von der Aufnahmeelektronik noch verkraftet werden.

Nun können noch andere Lichtquellen hinzugefügt werden. Jedesmal ergibt sich ein neuer Effekt. Sie alle aufzuzählen ist unmöglich – es sind Hunderttausende. Diejenigen, die einem persönlich am besten gefallen, lassen sich am einfachsten durch Ausprobieren herausfinden. **Neue Effekte**

51

Genauso detailliert wie das Licht muß der Videofilmer auch den Ton berücksichtigen. Seine Funktion wird einem selten bewußt. Wie wichtig er aber tatsächlich ist, zeigt sich sehr drastisch, wenn beim heimatlichen Fernsehabend einfach mal der Ton weggedreht wird. Das Interesse an den meisten Sendungen erlahmt dann sehr rasch.

Videokameras sind fast immer mit einem eingebauten Mikrofon ausgerüstet. Es wird in der Regel an einem Teleskopauszug montiert und nimmt die Geräusche synchron zum Bild auf. Das sieht auf den ersten Blick sehr bequem und unkompliziert aus. Aber wie viele andere einfache Sachen ist ein eingebautes Mikrofon nur ein Kompromiß. Für perfekte Videofilme ein unerträglicher Kompromiß. Er taugt bestenfalls zum Festhalten der Familienchronik, wo es auf technisches und gestalterisches Können ohnehin kaum ankommt.

Mikrofon-Kompromiß

Ambitionierte Filmer müssen aber unbedingt die Möglichkeit haben, externe Mikrofone anzuschließen. Aber welche?

Das Mikrofon kann weitgehend mit einem Aufnahmeobjektiv verglichen werden. Dem angepeilten Bildausschnitt wird der Videofilmer gerecht, indem er die Objekte per Tele, Weitwinkel oder auch Normalbrennweite anpeilt. Diesen unterschiedlichen Auf-

Mikrofon und Objektiv

nahmecharakteristika müßte eigentlich auch das Mikrofon angepaßt werden. Ein normales Standardmikrofon ist aber so aufgebaut, daß es den Schall aus allen Richtungen gleichmäßig aufnimmt. Das garantiert zwar, daß keine Klanginformation verlorengeht, aber es verfälscht auch den Klang. Jeder, der schon einmal in ein solches Mikrofon gesprochen hat, wird sich über den veränderten Klang seiner Stimme gewundert haben. Schuld an dieser Veränderung ist die Mischung aus direktem und indirektem Schall. Der direkte Schall kommt direkt von der Tonquelle, der indirekte entsteht durch Reflektionen an der Decke, den Wänden, dem Boden. Dieser reflektierte Schall muß nun aber einen längeren Weg zurücklegen, um von der Schallquelle ins Mikrofon zu gelangen, als der direkte Schall. Dazu braucht er länger. Es kommt zu Laufzeitunterschieden. Sie sind die Ursache für das verzerrte, hohle und dumpfe Klangbild der eigenen Stimme.

Direkter Schall

Das Mikrofon mit der Kugelcharakteristik (so nennen Techniker die Mikro-Konstruktion, die rundum gleichempfindlich ist) hat aber noch andere Nachteile neben der Klangentstellung: Weil es Geräusche aus allen Richtungen gleichmäßig aufnimmt, werden die Nebengeräusche ebenso laut aufgezeichnet wie der Ton, auf den es eigentlich ankommt. Deshalb sollte der Videofilmer die Aufnahmecharakteristik seines Mikrofons ebenso sorgfältig auswählen, wie er auch die Brennweite für sein Aufnahmeobjektiv festlegt.

Nebengeräusche

Integrierter VHS-
Rekorder im neuen
JVC-Videomovie
GR-C1. Wiegt nur
1,9 kg. Derzeit die
leichteste und kom-
pakteste Einheit.

Dual VCC 370. Eine
Super-Kamera für
semiprofessionellen
Einsatz. Neuartige
Newvicon-Röhre.
Stereo-Ton-Tech-
nik, elektronische
Schnittmöglichkei-
ten, regelbare Zeit-
lupe und andere Fi-
nessen.

Siemens Video-
Farbkamera FA
104. 2/3 Zoll Strei-
fenfilter-Vidicon-
Aufnahmeröhre.
Dreifach Zoom von
14–42 mm, gute
Einsteigerkamera.

Ganz so locker wie diese hübsche Sanyo-Tennisdame sollte man die Video-Filmerei nicht betreiben, wenn man Tennis-Streifen verkaufen will. Mit dieser Kamerahaltung sind Verwacklungen kaum zu vermeiden. Eine wasserdichte preiswerte Ewa-Tasche taugt für viele Video-Kompakt-Kameras. Auch in der Wüste oder bei Off-Road-Veranstaltung ist dieser Wetterschutz optimal.

Niere für Nahbereich

Für Aufnahmen im Nahbereich – das Aufnahmeobjektiv befindet sich in Stellung Weitwinkel bis Normal – eignet sich das Nierenmikrofon ausgezeichnet. Es hat eine gute Aufnahmeempfindlichkeit nach vorn; zur Seite hin nimmt die Empfindlichkeit etwas ab, und nach rückwärts ist das Mikrofon weitgehend geräuschunempfindlich. Tonquellen in Aufnahmerichtung werden also deutlich und klar aufgenommen, Nebengeräusche von der Seite oder von hinten werden dagegen eher unterdrückt.

Wenn es notwendig ist, Tonquellen auf weitere Entfernungen aufzunehmen, ist die »Niere« aber sehr bald überfordert. Wie verwirrend ist es für Zuschauer, wenn beispielsweise der Formel-1-Rennwagen irrwitzig schnell um die Kurve heult, er aber normale Straßengeräusche, die Unterhaltung von Passanten, das Bellen eines Hundes hört. Das paßt einfach nicht zusammen.

Superniere für weite Entfernungen

Für solche weiten Entfernungen haben die Techniker die »Superniere« entwickelt. Sie bringt noch eine bessere Bündelung in Aufnahmerichtung und holt Töne »ran«, etwa so, wie ein mittleres Teleobjektiv mit dem Bild verfährt. Allerdings ist die »Superniere« nach hinten nicht mehr ganz so unempfindlich wie die »Niere«. Dafür zeigt sie sich nach schräg hinten und zur Seite als fast unempfindlich. Die »Superniere« ist also ideal in halliger, geräuscherfüllter Umgebung, wenn etwas weiter entfernte Schallquellen aufgenom-

56

Jetzt gibt es schon über 20 deutsche Formel-1 Video-Filme. Gedreht von Amateuren, hat sich die Ausrüstung schnell amortisiert. Beliebt sind kurze Strecken wie der Monako-Stadtkurs. Da kommen die Boliden häufiger vorbei.

Am Trainingstag lassen sich bessere Filme drehen. Mehr Zeit für Detailszenen und Fahrerporträts.

57

men werden sollen, aber auch dann, wenn in lauter Umgebung, beispielsweise auf einem südlichen Marktplatz, gefilmt werden soll.

»Tele-Mikrofon«

Noch viel spezieller im Einsatz ist das sogenannte Punkt-Richtmikrofon. In Kriminalfilmen wird es gern eingesetzt, um die Gespräche anderer Leute abzuhören. Denn das Punkt-Richtmikrofon arbeitet wie ein Teleobjektiv: Es hat einen sehr engen Aufnahmewinkel und nimmt nur innerhalb dieses Winkels Geräusche auf. Mit dem Punkt-Richtmikrofon können deshalb auch weitere Entfernungen überbrückt werden. Allerdings ist die Arbeit mit einem derartigen Mikrofon nicht ganz einfach. Weil der Aufnahmewinkel sehr eng ist, muß es ganz genau auf die Tonquelle ausgerichtet werden. Es genügt dabei nicht mehr, nur übers Mikro zu peilen. Es muß genau kontrolliert werden, was das Mikrofon tatsächlich aufnimmt. Das geht nur mit einem Kopfhörer.

Sind die richtigen Mikrofone ausgesucht, muß man sich noch mit ihrer Behandlung vertraut machen. Es ist leider so: Je aufwendiger und spezialisierter Mikrofone sind, desto empfindlicher gegen äußere Einflüsse sind sie. Das ist bei billigeren Modellen schlimmer als bei teuren. Mikrofone mit Richtwirkung sind beispielsweise empfindlich gegen Körperschall, Windgeräusche und sog. »Popgeräusche«.

58

Der Körperschall entsteht beim Berühren und **Körperschall**
Hantieren mit dem Mikrofon. Er kann schon auftreten, wenn nur ein Finger auf der Außenfläche des
Mikrofons bewegt wird. Das stört die Aufnahme
erheblich. Aber es gibt sichere Gegenmaßnahmen
gegen den Körperschall: Stative. Bei Mikrofonen mit
extremer Richtcharakteristik versteht sich die Ver-
wendung eines Stativs ohnehin von selbst.

Windgeräusche sind bei Außenaufnahmen gar
nicht zu vermeiden. Die Mikrofonhersteller bieten
deshalb für alle Mikrofontypen sogenannte Wind-
schirme an. Sie sehen aus wie einfache Schaumstoff-
gebilde, die über den Aufnahmekopf des Mikrofons
geschoben werden. Trotzdem sind die Schaumstoff-
hütchen reichlich teuer. Das kommt daher, weil sie
sehr aufwendig und präzise gefertigt werden müssen,
um ihre Wirkung tun zu können.

»Popgeräusche« entstehen, wenn Mikrofone mit   **Popgeräusche**
Richtcharakteristik aus geringem Abstand mit Explo-
sionslauten wie »P« und »B« besprochen werden. Auf
der Aufnahme sind diese Laute später als scharfes
Zischen oder Knallen zu hören. Aber der Windschutz
unterdrückt auch diese Laute.

Das Mikrofon wird entweder an die Videokamera oder direkt an den Toneingang des Videorecorders
angeschlossen. In beiden Fällen kann der Ton über
Kopfhörer kontrolliert werden. Aber auch der so
sorgfältig abgestimmte Ton reicht hinterher, beim

Nachvertonen einplanen

Abspielen des Videofilms, selten aus, Begeisterung zu wecken. Originalton allein genügt eben nicht.

Deshalb sollte man bei jeder Videoproduktion von vornherein das Nachvertonen einplanen. Dabei wird die Tonspur gelöscht und mit anderen Tonsignalen versehen. Die Bildsignale bleiben davon unberührt. Damit beim Löschen kein wertvoller Originalton verlorengeht, sollte er vorher auf ein Tonbandgerät überspielt werden. Das gibt allerdings Qualitätseinbußen. Besser ist es, schon von vornherein den Originalton auf Toncassetten separat aufzuzeichnen. Vor dem Nachvertonen sieht sich der Videofilmer die Aufnahmen sehr genau an, um festzulegen, wo welche Musik oder welche Sprache unterlegt werden kann. Die Auswahl ist groß: Platten, Cassetten oder auch nur ein sachlicher gesprochener Kommentar, gemischt mit Original-Ton.

60

Ausrüstung: Vor Fehlkäufen ist niemand sicher

Wer sich einmal entschieden hat, bleibt meist dabei. Das gilt fürs Auto (einmal VW, immer VW) genauso wie für das Videosystem (bei Beta bleib ich!). Dabei hat so eine Entscheidung nicht immer einen wirklich fundierten Hintergrund (wehe sonst all den Opels, Fords, Renaults . . .), sondern ist eben Geschmackssache.

Bei Video ist es noch mehr. Zwar wurden schon viele, auch bemerkenswert objektive, Versuche unternommen, die zeigen sollten, welches Videosystem denn nun die besseren Bilder liefere: VHS, Beta oder Video 2000. Aber einen brillanten Testsieger gab es noch nie. Technisch also ist kaum eine Kaufstütze möglich. Aber wer sich einmal für ein System entschieden hat, der bleibt dabei, weil er sein gesamtes Videoarchiv auf diesem System aufgebaut hat. So einfach ist das.

VHS, Beta oder Video 2000?

Und darum muß auch der Videofilmer denken, der für andere drehen und dann seine Aufnahmen verkaufen will. Schließlich ist es für ihn wichtig zu wissen, welches System heute am meisten verbreitet ist, denn es wird mit großer Wahrscheinlichkeit auch das sein, das in Zukunft die Oberhand behält. Und hier steht der Sieger einwandfrei fest: VHS führt weit. Was aber im Einzelfall nicht immer die richtige Entscheidung für den Kauf einer Videofilmausrüstung andeutet, die kommerziell genutzt werden soll. Denn

Beta-Nester

es gibt regelrechte Beta- und Video-2000-Nester, wie viele Videothekare bestätigen (einfach nachfragen). Wenn schon nicht am System, woran ist dann eine brauchbare oder sogar eine wirklich gute und preiswerte Videofilm-Ausrüstung zu erkennen?

Zunächst der Preis. Das ist eine heikle Sache. Zum einen, weil es hierzulande eine Preisbindung nur für Medikamente und Bücher gibt, also jeder so teuer verkaufen kann wie er will. Das führt dazu, daß zum Beispiel die gleiche Videokamera im Shop um die Ecke um 300 oder 400 Mark billiger ist als anderswo – oder umgekehrt. Zum anderen sind die Preise kaum vergleichbar, weil bei Videoartikeln die Ausstattung oft sehr unterschiedlich ist, so daß eigentlich jeder selbst bewerten muß, was für ihn wichtig ist. Dennoch lassen sich einige Regeln aufstellen, nach denen eine Videofilmausrüstung zusammengestellt und beurteilt werden kann.

Herzstück ist die Kamera

Was den aktiven Videofilmer vom passiven Videocassetten-Seher unterscheidet, ist die Kamera. Sie darf deshalb als das Herzstück der Videofilm-Ausrüstung gelten.

Die wesentlichen Unterschiede zwischen den einzelnen Videokameras (heute nahezu alle gleich farbtüchtig) machen drei Baugruppen aus, die an jeder zu finden sind:

- das Objektiv,
- der Sucher,
- die Röhre.

Beginnen wir mit der Röhre. Sie ist der zentrale Teil der Videokamera und entspricht in etwa dem Film in einer Filmkamera. Ihre lichtempfindliche Schicht registriert die durch das Objektiv einfallenden Lichtstrahlen, wandelt sie in elektronische Signale um und gibt diese weiter zur Elektronik, die die Signale für die elektromagnetische Aufzeichnung bearbeitet.

Weil es sich heute nahezu ausschließlich um Farb-TV-Kameras handelt, müßte das einfallende Licht in die Farbanteile des Fernsehsignals zerlegt werden: in Blau, Grün und Rot. In sehr aufwendigen und auch sehr teuren Kameras übernehmen diese Aufgabe Prismen, die die aufgefächerten Lichtanteile in drei verschiedene Aufnahmeröhren leiten. Dieses Verfahren garantiert zwar ein sehr farbechtes und auch scharfes Bild, aber es ist teuer und die drei Röhren müssen oft nachjustiert werden, damit sie auch präzise zusammenarbeiten können. Schon ein Stoß oder Temperaturschwankungen können die feine Abstimmung aus dem Gleichgewicht bringen.

Licht zerlegen

Videokameras für Amateure oder für den semiprofessionellen Einsatz kommen heute im allgemeinen mit einer einzigen Aufnahmeröhre aus, die die drei Fernsehgrundfarben durch einen vorgeschalteten Streifenfilter auseinanderhalten kann.

Eine Röhre genügt

Am meisten verbreitet sind die sogenannten Vidicon-Röhren. Sie liefern durchaus ein brauchbares Bild, haben aber häufig den Nachteil, daß sie manchmal Geisterbilder liefern. Daran ist ihre lichtempfindliche Fläche schuld. Das Bild, das das Objektiv darauf projiziert,»brennt« sich quasi in die lichtempfindliche Fläche ein. Es bleibt ihr für kurze Zeit »im Gedächtnis«. Das führt dazu, daß bei Schwenks die vorhergehenden Szenen noch ein wenig nachleuchten. Besonders stark ist dieser Effekt, wenn hellere Stellen aufgenommen worden sind, zum Beispiel Glühlampen. Die können richtige Lichtstreifen durch das ganze Bild ziehen. Abhilfe schafft hier nur der Verzicht auf schnelle Schwenks.

Schwenks leuchten nach

Außerdem hat die Vidicon-Bildröhre noch einen weiteren Nachteil, den sie aber mit anderen Konstruktionen teilt: Sie ist ziemlich empfindlich. Zum einen gegen Erschütterungen, zum anderen gegen Sonnenlicht oder anderes helles Licht. Gerät Sonnenlicht direkt auf die lichtempfindliche Fläche, so kann sich der Sonnenstrahl fest einbrennen. Folge ist ein dauernder schwarzer Fleck auf den Aufnahmen, der erst verschwindet, wenn die Röhre ausgetauscht wird.

Empfindliche Vidicon-Röhre

Aus diesem Grund sollte auch bei fast allen Videokameras die Blende immer geschlossen sein, wenn die Kamera nicht gebraucht wird. Besser noch ist, auf jeden Fall den Objektivschutz auf das Objektiv zu setzen.

64

Aber, wie gesagt: Diese Probleme treten bei fast allen Videokameras auf. Auch bei denen, die eine als höherwertig gerühmte Newvicon-, Saticon-, Trinicon- oder Plumbicon-Röhre eingebaut haben. Diese Röhren besitzen einen anderen Halbleiter zur Registrierung des Lichts, der wesentlich schneller reagiert als der der einfacheren Vidicon-Röhre. Das bedeutet natürlich: die Geisterbilder oder Lichtstreifen kommen kaum mehr vor. Das bedeutet aber auch zumeist: höhere Lichtempfindlichkeit. Gute Kameras schaffen heute ohne weiteres noch Aufnahmen bei dämmrigen Leuchtverhältnissen. In Physikersprache heißt das unter 60 Lux. Auf diesen Wert sollten Sie achten, wenn sie eine Kamera kaufen.

Schnelle Plumbicon-Röhre

Die Grundregel für die Röhrenwahl lautet also: Vidicon für billigere Kameras, Saticon oder ähnliches für höhere Ansprüche. Aber das ist nur eine Regel, die natürlich auch ihre Ausnahmen kennt. Es gibt heute durchaus Vidicon-Kameras, die es ohne weiteres mit Saticon-Kameras aufnehmen, ja sie sogar deutlich übertreffen.

Saticon für höhere Ansprüche

Das gleiche gilt auch für die Abmessung der Röhren. Heute sind im Amateurbereich solche mit 2/3 Zoll Durchmesser im Gebrauch und solche mit 1 Zoll. Eigentlich müßte die 1-Zoll-Röhre die besseren Bilder liefern, weil sie eine größere lichtempfindliche Fläche hat (9,6 × 12,8 mm gegen 6,6 × 8,8 mm). Aber in der Praxis ist nicht selten das Gegenteil festzustellen.

65

**Kamera
ohne Röhre**

Die Diskussion um Vidicon oder Saticon, 2/3 Zoll oder 1 Zoll kann freilich bald durch einen ganz neuen Kameratyp endgültig beendet werden – durch die Kamera ohne Aufnahmeröhre. An ihre Stelle tritt ein Halbleiterchip (c-Mos), der aus mehreren hunderttausend einzelnen Bildpunkten besteht. Diese Kameras sind weder empfindlich gegen Stöße noch gegen Geisterbilder oder einfallende Sonnenstrahlen. Zudem funktionieren sie auch bei schlechten Lichtverhältnissen und werden eines Tages wohl deutlich billiger gefertigt werden können als die komplizierten Röhren. Weil sie außerdem noch viel kleiner sind, können sie die heute noch recht voluminösen Videokameras schon in kurzer Zeit sehr drastisch schrumpfen und abspecken lassen.

**Größer, je
leistungsstärker**

Das Gegenteil ist bei der zweiten wichtigen Baugruppe für Videokameras der Fall: Die Objektive werden größer, je leistungsstärker sie ausfallen. Daran ist die Physik schuld. Nahezu jeder Videofilmer wünscht sich ein möglichst lichtstarkes Objektiv, also eines, mit dem er auch bei wenig Licht noch filmen kann (wozu sonst die lichtempfindliche Röhre?). Je mehr Licht die Objektive aber durchlassen sollen, desto größer müssen ihre Linsen im Durchmesser werden. Klarer Fall. Lichtstärke 1:1,8 gilt als das Mindeste, was man erwarten sollte, besser ist allerdings 1:1,4.

Gewichttreibend wirkt auch eine andere, sehr geschätzte Eigenschaft moderner Videokamera-Objektive: der Zoom-Effekt. Fast alle serienmäßigen Objektive können weit entfernte Gegenstände ganz nah ranholen (wie ein Fernrohr) und nach einem kurzen Dreh an einem Verstellring einen großen und weiten Ausschnitt wiedergeben. Je mehr von dieser Tele- und Weitwinkelwirkung ein Objektiv aufbietet, desto teurer ist es im allgemeinen, und auch desto unhandlicher. Ein Vierfach-Zoom sollte man sich wegen der damit gewonnenen Gestaltungsmöglichkeiten aber unbedingt leisten, besser ist sechsfach, achtfach oder gar zehnfach.

Möglichst großer Zoombereich

Alle diese Zooms sind mindestens per Hebelchen oder per Drehring von Hand zu bedienen. Die meisten besitzen sogar einen Motorantrieb, der unbedingt vorzuziehen ist, weil er eine wesentlich ruhigere »Zoomfahrt« ermöglicht.

Bei dieser Gelegenheit sollte man auch darauf achten, daß das serienmäßige Zoomobjektiv eine Makroeinstellung hat. Damit kann den Dingen ganz nah auf den Pelz gerückt werden. Solch extreme Nahaufnahmen (teilweise kann man mit der vordersten Linse ganz an das Objekt ran) geben wunderbare Effekte. Wer allerdings Schmetterlinge, Bienen oder dergleichen lebhafte Gesellschaft auf Magnetband bannen will, kommt mit der Makroeinstellung nicht weit. Denn je näher er den Insekten kommt, desto ängstlicher verschwinden sie. Hier helfen nur konven-

Schmetterlinge und Bienen

tionelle Vorsatzlinsen, die kleine Dinge auch formatfüllend ranholen, dabei aber doch eine gewisse Distanz zwischen Objektiv und Objekt lassen.

Wechselobjektive

Wer viel vor hat mit seiner Videokamera (und das dürften die meisten sein), ist auch gut beraten, darauf zu achten, daß die Videokamera mit Wechselobjektiven ausgerüstet werden kann. Üblich ist ein sogenannter C-Mount-Anschluß, mit dem es auch eine ganze Reihe Fotoobjektive gibt. Damit läßt sich der Brennweitenspielraum relativ preisgünstig erheblich ausbauen, so daß nahezu keine Wünsche mehr übrigbleiben. Gleichzeitig ermöglicht ein Wechselanschluß, andere komplizierte und wirkungsvolle Geräte direkt an die Videokamera anzuschließen. Spezialisten könnten ja interessiert daran sein, zum Beispiel ein Mikroskop mit der Videokamera zu verbinden.

Optischer Sucher

Die dritte wichtige Baugruppe der Videokamera, der Sucher, sollte vor dem Kauf sehr sorgfältig bedacht werden. Es gibt prinzipiell drei unterschiedliche Systeme:

• *Den optischen Durchsichtsucher.* Wird vor allem bei billigen Kameras eingebaut. Ein einfacher optischer Schacht zeigt in etwa den Ausschnitt, den die Aufnahmeröhre »sieht«. Abweichungen sind aber üblich, und sie werden um so größer, je näher man an das Objekt kommt. Außerdem ist das Scharfstellen nur schwer möglich.

68

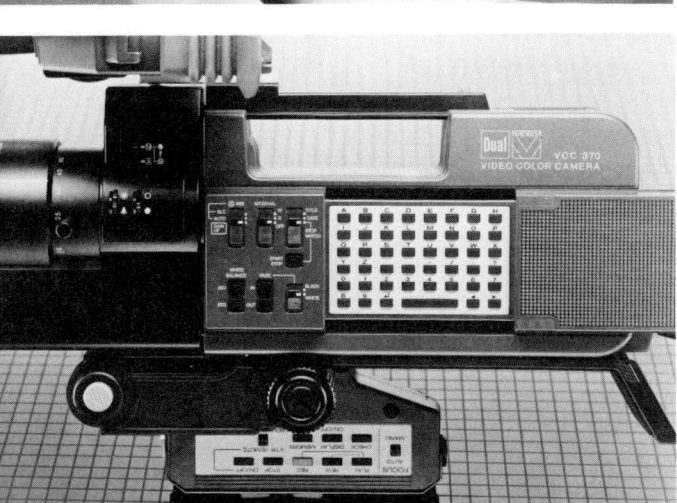

Die Sanyo Betamovie hat den Camera Recorder integriert. Für den Amateurbereich ist das eine ideale Sache. Auch Halbprofis werden ihre Freude daran haben. Sie können die Kamera für Aktion-Szenen beim Drachenfliegen, Segeln, Kunstfliegen, ja selbst bei Skiabfahrten benutzen.

Extreme Lichtstärke ist einer der Vorteile der Dual VCC 370:1,4 (Lichtstärke 1,4) – automatische Scharfeinstellung durch Infrarot-Autofocus. Achtfaches Motorzoom mit zwei Zoomgeschwindigkeiten. Der sogenannte Multifunktionsarm wird umsteckbar für Rechts- und Linkshänder nach vorne geklappt. Direkte Eingabe von Titel und Datum.

Elektronischer Sucher

● *Den optischen Prismensucher.* Höherwertige Lösung. Hier wird ein Lichtstrahl aus dem Strahlengang zur Aufnahmeröhre durch ein halbdurchlässiges Prisma quasi »abgezapft«. Damit sieht man im Sucher nahezu das gleiche Bild, das die Aufnahmeröhre aufzeichnet. Auch das Scharfstellen ist unproblematisch. Allerdings können aufnahmeröhre-bedingte Effekte wie Geisterbilder nicht bemerkt werden.

● *Den elektronischen Sucher.* Das ist ein kleiner Schwarzweiß-Monitor. Auf ihm sieht man ganz genau den Ausschnitt, den die Aufnahmeröhre auf Videoband aufzeichnet. Überdies sind sämtliche röhrenbedingten Erscheinungen sofort zu bemerken. Das Scharfstellen auf dem kleinen Monitor erfordert allerdings etwas Übung. Und: Der Monitor braucht Strom.

Videoprofis werden trotzdem in aller Regel zum elektronischen Sucher greifen. Sie legen Wert darauf, das Bild so beurteilen zu können, wie es später auf dem Bildschirm erscheinen wird, sie lieben die Variabilität des elektronischen Suchers (er kann beliebig gedreht und geschwenkt, ja sogar von der Kamera abgenommen werden, ohne seine Funktion zu verändern) und sie wollen nicht auf die Möglichkeit verzichten, das eben Aufgenommene sofort über den kleinen Monitor wieder anzusehen. Einfach rückspulen, Start-Taste drücken, und schon erscheint die gerade gedrehte Szene zur Kontrolle im Sucher.

Außer diesen großen Baugruppen verfügen Videokameras noch über eine Reihe weiterer Details,

die »stimmen« müssen, wenn man zufrieden arbeiten
will. Große Aufmerksamkeit gehört unter anderem
dem Weißabgleich. Er ist notwendig, weil sich unser   **Weißabgleich**
Licht ständig ändert; morgens ist es anders als mittags
oder abends, bei Bewölkung anders als bei Sonnen-
schein oder unter Halogenlampen.

Was sich ändert, ist die sogenannte Farbtemperatur. Wenn sich unser Auge (Gehirn) nicht ständig
korrigierend darauf einstellen würde, müßten wir die
gleiche Farbe je nach Licht ganz unterschiedlich
sehen: violettstichig, gelbstichig, blaustichig.   **Farben**

Damit das nicht auf dem Videofilm passiert, muß   **mit Stich**
die Videokamera darüber informiert werden, wie die
Farbtemperatur momentan gerade ist. Dazu wird im
einfachen Fall die Kamera lediglich gegen eine weiße
Fläche gerichtet und dann ein Regler solange verstellt,
bis ein Signal zu erkennen gibt, daß die Kamera jetzt
das Weiß wirklich als weiß registriert. Praktisch bei
jedem Schwenk müßte der Weißabgleich neu vorgenommen werden. Aber es gibt auch Kameras, die den
Weißabgleich einfacher oder sogar im gewissen
Bereich automatisch regeln. Auf jeden Fall muß der
Sucher Informationen über den Weißabgleich liefern.

Ebenso wichtig ist für den engagierten Videofilmer, daß er in die übliche automatische Blendensteue-
rung seiner Kamera per Hand eingreifen kann. Damit
kann er Beleuchtungseffekte selber steuern oder bei
Gegenlicht den Automat überlisten.

Externes Mikrofon

Auf keinen Fall verzichten darf man auch auf die Möglichkeit, ein Mikrofon extern anzuschließen. Denn die eingebauten Mikrofone sind nur bei sehr gezieltem Geräusch und in der Nähe verwendbar. In vielen Fällen liefern sie aber eher ein lästiges, verwirrendes Nebengeräusch, das mit der Spielszene offensichtlich wenig zu tun hat.

Unbedingt notwendig ist auch, daß die Kamera den Recorder fernsteuert. Bei Druck auf den Kameraauslöser muß der Recorder beginnen aufzuzeichnen. Sonst wird Videofilmen zu einem hektischen Schalterdrücken deklassiert.

Mängel aufdecken

Wer sich an diese Grundregeln hält, wird beim Kauf seiner Videofilmanlage keine großen Schwierigkeiten mehr haben. Allerdings sollte er beim Händler auf jeden Fall darauf bestehen, die komplette Anlage auszuprobieren. Dabei kann er eventuell noch Mängel aufdecken, die vielleicht gerade dieses einzelne Stück aus der Serie aufweist (das kommt häufiger vor als man denkt). Dabei ist besonders zu achten auf das Zoom-Objektiv. Lassen sich alle Einstellringe und Hebel völlig ruckfrei bewegen? Wenn nicht – Finger weg! Richten Sie bei der Gelegenheit auch gleich die Kamera auf eine Fläche von einheitlicher Farbgebung und Beleuchtung, und sehen Sie sich das Ergebnis auf einem großen Farb-Bildschirm an. Gibt es zu den Ecken hin Farbverschiebungen? Finger weg!

Dem Videorecorder kommt eine ganz andere Bedeutung zu als dem Film beim Schmalfilm. Zwar zeichnet er auch auf, was die Optik und die Elektronik der Kamera registrieren, aber er leistet noch mehr: Er »macht« die Zeitlupe, den Zeitraffer und die Einzelbildschaltung – beim Filmen Aufgabe der Kamera. Der Videofilmer sollte darauf achten, daß sein Recorder diese Aufzeichnungsmöglichkeiten besitzt. Denn später, beim »Schneiden« des Films, wird er diese Hilfsmittel brauchen, um diese Effekte in den fertigen Film einbauen zu können.

Die Leistung des Recorders

Ohnehin muß auf weitere Bearbeitungsmöglichkeiten des Magnetbandes größter Wert gelegt werden. Der Recorder sollte unbedingt eine brauchbare Schnittmöglichkeit bieten. Denn ein richtiger Schnitt, wie beim Film, ist nicht möglich. Videofilme können praktisch nur geschnitten werden, indem einzelne Szenen auf ein anderes Band überspielt werden. Dazu ist zumindest ein zweiter Recorder notwendig. Aber das allein garantiert noch kein gutes Ergebnis, wenn keine spezielle Schnitteinrichtung eingebaut ist. Beim Starten eines Recorders, und das geschieht vor jeder Szene, die an eine andere gereiht werden soll, muß nämlich jedesmal der Videokopf von null auf 1500 Umdrehungen pro Minute hochgefahren werden. Solange er diese Geschwindigkeit nicht erreicht hat, kann kein anständiges Bild entstehen – es flackert, rauscht, bricht zusammen.

Es gibt drei Schnittarten, die das vermeiden. Am gebräuchlichsten ist der Assemble-Schnitt. Hier läuft das Band einfach nach jedem Stopp ein Stückchen zurück, und die Videoköpfe zeichnen erst auf, wenn sie die volle Umdrehungszahl erreicht haben. Bei der nächsten Szene sind also die ersten Sekunden nicht auf dem Band. Der Assemble-Schnitt ist sehr gut geeignet zum Aneinanderreihen von Szenen.

Szenen aneinanderreihen

Ebenso der seltene elektronische Schnitt. Hier wird das Gerät verzögerungsfrei von Wiedergabe auf Aufnahme umgeschaltet – die Videoköpfe haben also dauernd die nötige Drehzahl.

Bei sehr guten Recordern wird heute auch der Insert-Schnitt angeboten. Mit ihm lassen sich auch zwischen zwei Szenen andere Aufnahmen nahtlos einfügen, ohne daß am Anfang oder Ende Bildstörungen auftreten. Allerdings muß man hier sehr genau und mit der Stoppuhr arbeiten.

Problemkind: Ton

Wenn mit diesen Schnitt-Helfern auch gute Bildschnitte zustande gebracht werden, so gilt das noch lange nicht für den Ton. Ohnehin: Der Ton ist das Video-Problemkind Nummer eins. Denn der Originalton, der vom eingebauten Mikrofon aufgenommen wird, ist selten für einen technisch anspruchsvolleren Videofilm zu gebrauchen. In aller Regel sollte nachvertont werden. Dazu muß natürlich der Recorder überhaupt erst die Möglichkeit bieten. Profis raten: Von Recordern ohne Nachvertonungsmöglichkeit die Finger weg!

74

Sehr sinnvoll zum Nachvertonen ist auch eine Audio-Dub-Taste. Wird sie gedrückt, kann der neue Ton aufgenommen werden, während das Bild über den Bildschirm flimmert. Das ist besonders bei Synchronisation und bei Reportagen sehr angenehm.

Nachvertonen mit Tastendruck

Ebenfalls angenehm sind bei Videorecordern die heute meist verwendeten Kurzhubtasten. Man sollte unbedingt darauf bestehen, weil hierbei die Schalter elektronisch verriegelt sind. Das bedeutet: selbst wenn man vom schnellen Rücklauf sofort die Wiedergabetaste drückt, kann es nicht zum Bandsalat kommen, wie bei rein mechanisch gesteuerten Recordern. Im Zweifelsfall ein nicht zu unterschätzender Vorteil, weil man sicher sein kann, nicht aus Versehen wertvolles Bandmaterial zu zerstören.

Damit man überhaupt erst einmal brauchbare Aufnahmen drehen kann, sind noch etliche andere größere Zubehörteile nötig. Ganz wichtig sind die Akkus. Am besten schafft man sich mehrere Stück an, die man immer aufgeladen hält, damit einem unterwegs nicht der »Saft« ausgeht.

Ohne Akku kein Bild

Ebenso unverzichtbar ist ein brauchbares Stativ. Wer es nicht glaubt, kann mit einer Videokamera einfach einmal zwanzig Sekunden lang einen entfernten Gegenstand anvisieren – natürlich muß das Objektiv auf Tele-Einstellung stehen. Das steht keiner durch, ohne daß das Bild ständig springt.

Welches Stativ?

Als Stativ kommen zunächst einfache Schulterstützen und Bruststative in Frage. Sie helfen schon wesentlich, die Kamera ruhig zu halten. Optimal sind aber erst Dreibein-Stative. Sie sollten möglichst stabil gebaut sein, was auch auf den senk- und neigbaren Kopf zutreffen muß. Besonders gute Schwenkköpfe sind gar nicht so häufig zu finden. Man muß sich darauf einstellen, daß ein gutes Dreibeinstativ ziemlich teuer ist, aber auf die Dauer lohnt die Anschaffung von gut über 500 Mark.

Noch besser ist ein Stativwagen. Das ist im Prinzip ein Dreibeinstativ auf festen Rollen. Unten trägt der Stativwagen meist noch eine Ablage, auf die der Recorder gestellt werden kann. So sind bei ebenem Untergrund hervorragende Fahraufnahmen möglich – das macht jeden Film lebendig.

Robust auf einem Bein

Für Spezialaufgaben (schwieriges Gelände und häufiger Standortwechsel) taugt ein Einbeinstativ. Auch dieses sollte sehr robust sein und ermöglicht dann relativ ruhige Aufnahmen.

Unverzichtbar in einer kompletten Videofilm-Ausrüstung sind auch Filmlampen. Nur selten ist das Licht so, wie man es sich für eine effektvolle Gestaltung wünscht. Profis entscheiden sich meist für Halogenlampen, weil die mehr Leistung haben als andere. Drei Stück sind das Minimum. All diese notwendigen Anschaffungen verursachen Kosten, die bei einer

76

einfacheren Ausrüstung 6000 Mark und bei einer höherwertigen auch 10 000 Mark leicht übersteigen. **Mindestens 6000 Mark**

Wer so hohe Summen nicht einsetzen mag oder kann, der sollte sich im Branchenfernsprechbuch nach Verleihfirmen umsehen. Die stellen das gesamte notwendige Equipment gegen Miete zur Verfügung. Auf die Dauer ist das aber kein billiger Weg. Einfachere Anlagen kosten um 150 bis 200 Mark pro Tag, Profiausrüstungen mit einer hochwertigen 3-Röhren-Kamera kosten 800 bis 1000 Mark pro Tag.

Mit der Sony Videokamera wird hier der neuartige Stelzer-Motor weltweit vermarktet. Fotos und Beschreibungen sind gut, aber Geldgeber findet man besser durch einen Film.

Was kann ein Amateurfilmer bewältigen?

Das erste, was ein Amateur-Videofilmer bewältigen muß, ist die Angst. Wer im Fernsehen oder im Kino Filme berühmter Regisseure und Kameraleute betrachtet, sitzt da, staunt und weiß, daß er so gut nie sein wird. Das bedrückt – oder macht Angst, wenn man selber vom Filmen leben will.

Keiner ist der Beste

Diese Angst ist unnötige Angst. Was wäre, wenn alle bei ihrem täglichen Job immer daran denken würden, daß es noch andere gibt, die das gleiche bestimmt besser können? Es gibt keinen, der sagen könnte, daß er der Beste wäre – es gibt immer noch bessere. Bessere Ärzte, bessere Bundeskanzler – und bessere Filmemacher.

Nur gut, gut muß man schon sein, wenn man in dem Beruf, den man sich herausgesucht hat, Erfolg haben will. Dazu gehört vor allem, daß man das Handwerk, die Grundfertigkeiten, die jeder Tätigkeit zugrundeliegen, beherrschen muß. Aber niemand erwartet Superleistungen.

Niemand erwartet Superleistungen

Gerade beim Videofilmen sind die Erwartungen, die an den kleinen Unternehmer gestellt werden, gar nicht so groß. Sicher: jeder hätte gern einen Spitzenfilm als Ergebnis, wenn er den Auftrag zu einer Videoproduktion vergibt. Aber jeder Auftraggeber weiß, daß er dafür auch einen Spitzenpreis bezahlen muß. Und das kann die große Chance sein für den Videofilmer, der zunächst nur als persönliches Frei-

78

zeitvergnügen mit Recorder und elektronischer Kamera umgegangen ist und nun nebenberuflich sein erstes Geld mit Videofilmen eigener Produktion verdienen will. Er ist viel billiger als die Profiteams, die ihre Dienste in Branchendiensten offerieren. Und das Ergebnis ist doch meist genauso verwertbar, ob ein richtiger Profi hinter der Kamera steht oder ein guter Amateur.

Egal ob Profi oder Amateur

Also gar kein Grund, Angst zu haben. Ein Amateur-Videofilmer kann meist mehr, als er sich vorstellt.

Das klassische Gebiet, mit dem die meisten ambitionierten Videofilmer ihr erstes Geld zu verdienen hoffen, ist die Feier. Die Grundüberlegung ist einfach: Wer ein einmaliges Ereignis feiert, möchte davon so viele und so lebendige Erinnerungen bewahren, wie nur irgend möglich. Diese Grundüberlegung ist richtig; denn bei keinem anderen Anlaß wird mehr gefilmt und fotografiert, als bei einer persönlichen Feier (ausgenommen der Urlaub, aber auch der sollte einmalig sein). Wenn sich jemand aus dem Bekannten- oder Verwandtenkreis anbietet, um beispielsweise den 90sten Geburtstag des Urahnen abzulichten, wird das Ergebnis allerdings meistens unbefriedigend. Denn wer hat schon soviel Erfahrung und die richtigen Geräte, um die schließlich unwiederbringlichen Szenen sachgerecht und stimmungsvoll abzulichten?

Lebendige Erinnerungen

Das war und ist die Chance von Berufsfotografen, die sich darum kümmern, daß etwa das Hochzeitsfoto gelingt. Dafür werden gerne einige Mark angelegt; die Sicherheit, ein gutes Ergebnis zu erhalten, ist das den meisten wert.

Und das kann natürlich auch die Chance für den Videofilmer sein. Jede Taufe, jeder besondere Geburtstag, jede Hochzeit, wenn die Erbtante nach 30 Jahren zum erstenmal wieder aus Amerika zu Besuch kommt – all das können Anlässe sein, zu denen jemand dankbar ist, wenn die wichtigen Szenen sachverständig im Bild festgehalten werden. Am besten in Video. Denn Video hat hier unübersehbare Vorteile: Die Materialkosten sind nicht hoch, und der Film kann, wann immer gewünscht, direkt über den Bildschirm vorgeführt wreden.

Die technischen und sachlichen Anforderungen, die bei der Dokumentation von Familienfeiern erfüllt **Stativ und** werden müssen, sind nicht allzuhoch. Man kommt mit **Leuchten** einer relativ einfachen Ausrüstung zurecht. Allerdings **notwendig** sind Stativ und Leuchten (für Innenräume) notwendig.

Am besten legt man für den Ablauf des Films schon vorher ein knappes Drehbuch fest und macht sich Gedanken über einige lustige Szenen, die in den Film eingestreut werden sollen. Eine kleine Unschärfe wird viel eher verziehen, als ein langweiliger Film. Und man muß immer eines bedenken: Wer einen Film über eine Familienfestlichkeit in Auftrag gibt, erwar-

80

tet keinen packenden Spielfilm – er will sich durch den Film gern erinnern und dabei viel Spaß haben. Ob der Film dem Nachbarn auch gefällt, ist ziemlich gleichgültig, Hauptsache, die Beteiligten amüsieren sich. Dazu einige Grundregeln.

● Viele Großaufnahmen von Gesichtern (kein Gesicht ist so faszinierend wie das eigene). **Faszinierende Gesichter**

● Festlichkeit einfangen (Blumenarrangements, kalte Buffets, Kleider, Schmuck – nah ran, schließlich ist man stolz auf das, was man sich leisten kann).

● Leute dann filmen, wenn sie sich unbeobachtet fühlen (das ergibt einen Effekt wie bei einer versteckten Kamera und ist meist ganz lustig).

● Alle Beteiligten filmen (wer vergessen wird, gibt bestimmt bei einem eigenen Fest keinen Drehauftrag). **Keinen vergessen**

Aber nicht nur Familien haben Grund zu feiern. Im Prinzip ist jedes Fest ideal für Videofilmer. Zum Beispiel auch ein Geschäftsjubiläum. Auch hier muß die wichtigste Regel eingehalten werden: alles genau zeigen, worauf die Auftraggeber stolz sind – Gebäude, Fahrzeuge, Maschinen, Chef, Angestellte, Reden u.s.w.).

Um Spaß und Gemeinsamkeit geht es auch bei anderen Veranstaltungen, auf denen ein Videofilmer ein großes Einsatzfeld finden kann: Sportveranstaltungen. In den Bereich der reinen Gaudi fallen die Betriebssportveranstaltungen und Kneipensportveranstaltungen. Wer zum Beispiel den Auftrag ergattert, bei einem Fußballturnier von Mannschaften verschiedener Betriebe einen Videofilm zu drehen, muß wissen, daß es hier hauptsächlich auf den Spaß ankommt. Keiner erwartet eine genaue Dokumentation des Geschehens. Gefragt sind witzige Ausschnitte, die Unbeholfenheit zeigen und Kampf und Verzweiflung und Erfolg – allerdings eher in der Manier von Dick und Doof als im Stile Beckenbauers.

Das Ereignis des Jahres

Ganz anders bei Sportveranstaltungen mehr ernsthaften Charakters. Beispielsweise ist es denkbar, von einem Fußballverein den Auftrag zu einem Videofilm zu bekommen, wenn etwa das Spiel stattfindet, das über den Aufstieg von der C-Klasse in die B-Klasse entscheidet. Ein unbedeutendes Ereignis eigentlich. Selbst die lokale Presse wird sich um dieses Ereignis nur am Rande kümmern, niemand aber wird einen Ton darüber in den großen Medien Fernsehen und Rundfunk verlieren. Für die Beteiligten ist aber der Kampf um den Klassenaufstieg bestimmt das wichtigste Ereignis des Jahres, über das auch noch bei der Vereinsmitglieder-Vollversammlung ein halbes Jahr später diskutiert werden wird. Bei dieser Gelegenheit könnte dann auch der Videofilm vorgeführt werden, der das Glanzereignis noch einmal lebendig werden läßt.

Umzüge, Vereinsfeste oder Jahresversammlungen wie die amerikanische Hot Rod-Parade sind für Halbprofis besonders gut geeignet. Denn nichts sieht der Mensch lieber als sich selbst!

Hoher Standard bei Sportübertragungen

Wer einen solchen Auftrag erhält, ist allein allerdings schon fast überfordert, denn die Auftraggeber sind, gerade was Sportübertragungen angeht, vom Fernsehen her einen gewissen Standard gewohnt. Großflächige Überblicke über das gesamte Spielfeld (im Notfall von der langen Leiter) sind genauso verlangt wie Großaufnahmen von Zweikämpfen, der Blick auf die Trainerbank und in die Zuschauer oder die Szenen von der Torkamera. Und auch Zeitlupe ist nichts Ungewöhnliches.

Video ist sehr variabel

Technisch bereitet das zwar alles keine allzu großen Schwierigkeiten. Video ist ein sehr variables Medium. Aber der Aufwand kann doch sehr groß sein. Für unsere Fußballveranstaltung wären beispielsweise mindestens zwei Kameras nötig, und natürlich zwei Kameraleute. Steht dieser Aufwand im Verhältnis zum Erlös? Diese Frage sollte man sich immer vorher beantworten.

Was bei Mannschaftssportarten funktioniert, geht auch bei Einzelsportarten. Beispielsweise im Squash-Center. Wie gesagt: Nichts sieht der Mensch lieber als sich selbst. Es wäre deshalb durchaus vorstellbar, zum Besitzer einer Squash-Anlage zu gehen und um die Erlaubnis zu bitten, dort Spiele auf Video festhalten zu dürfen, wenn die Spieler das wünschen und dafür bezahlen. Ein günstiger Standpunkt ist

84

sicher schnell gefunden, und das Filmen bereitet dann überhaupt keine Schwierigkeiten mehr. Schließlich kommt man meist mit einer einzigen Einstellung aus. Natürlich ist das Ganze auch denkbar auf Tennisplätzen oder beim Reiten. Es versteht sich von selbst, daß man diesen Videoservice als Trainingshilfe verkaufen muß und nicht als Möglichkeit, sich selbst zu bewundern.

Sehr viel ernsthafteter Natur sind Aufträge, die manchmal von Werbeagenturen oder großen Kaufhäusern vergeben werden. Organisiert eine Werbeagentur für einen Betrieb – oder ein Kaufhaus für sich selbst – eine Werbeveranstaltung, müssen beide über den Ablauf der Veranstaltung und das Ergebnis Rechenschaft ablegen – der eine seinem Auftraggeber, der andere seiner Zentrale. Da wurde beispielsweise ein Star engagiert, der charmant ein von der betreffenden Firma gestiftetes Geschenk einem Preisträger überreicht – das ganze auf dem Marktplatz einer kleinen Stadt. Um diesen Aufwand zu dokumentieren und später zu rechtfertigen, wird oft der Auftrag vergeben, darüber einen Videofilm zu drehen. Natürlich könnte man sich an ein professionelles Videoteam wenden – aber das kostet viel Geld, und der Etat ist ohnehin knapp. Also kommen auch hier wieder Videofilm-Neulinge zum Zug. Sie kosten weniger, und auf die künstlerische Qualität kommt es bei diesen Dokumentationen ohnehin nicht an.

Werbe-Dokumente

**Verkaufs-
Dokumentation**

Ähnlich handhaben es auch einige größere Bauunternehmen. Auch sie sind ständig im Zwang, Interessenten zu finden, die ihnen die geplanten Häuser abkaufen und hinterher zu dokumentieren, daß der Baufortschritt so wie im Vertrag vereinbart eingehalten wird. Das ist zeit- und kostenaufwendig. Zunächst muß Werbematerial (meist nur Prospekte) erstellt werden, später muß dann jemand die neuen Häuser in den verschiedensten Entstehungsphasen fotografieren. Hier lassen sich möglicherweise manche Baufirmen-Besitzer davon überzeugen, daß sie sich etliche Vorteile einhandeln, wenn sie in Zukunft mit Video arbeiten.

**Vor- und
Nachteile**

Beispielsweise in der Kundenwerbung. Sie könnten einen Film in Auftrag geben, der ganz kurz und prägnant die Vorteile des Baugebiets dokumentiert (landschaftliche Schönheit, Erholungswert, Verkehrsanbindung, Schulen und ähnliches), und dazu noch möglicherweise ein Musterhaus per Video vorführen. Das macht Pläne erst lebendig. Und potentielle Kunden könnten schon bei ihrem ersten Besuch in den Verkaufsräumen einen viel besseren Eindruck von dem Bauobjekt bekommen als nur durch Pläne. Dabei muß der Film nicht sehr ausgefeilt sein. Denn die Betrachter haben ein äußerst großes Interesse an dem, was ihnen vorgeführt wird – schließlich machen sie hier per Video möglicherweise Bekanntschaft mit ihrem zukünftigen Zuhause. Und wer starkes Interesse an einem Film hat, verzeiht kleinere Fehler ohne weiteres, er wird sie wahrscheinlich nicht einmal bemerken.

**Kleine Fehler
werden
verziehen**

Eine gute Industrie-
Reportage ist ihr
Geld wert. Verlangt
wird handwerklich
saubere Arbeit. Die
ersten Probestreifen
müssen häufig selbst
finanziert werden,
dann ist das Eis ge-
brochen.

Auch Stadtreporta-
gen sind ein guter
Einstieg als bezahl-
ter Video-Filmer. In
Rotterdam bieten
sich zum Beispiel die
gigantischen Hafen-
anlagen für eine
Reportage an.

87

**Urlaubshotel
auf Video**

**Bitte kein
normaler
Urlaubsfilm**

In einer ganz ähnlichen Situation finden sich auch die Kunden von Reisebüros. Sie wollen möglichst viel über den Ort erfahren, an dem sie die schönsten Wochen des Jahres verbringen wollen. Als Informationsquelle stehen ihnen aber meistens nur relativ belanglose Reisekataloge zur Verfügung, und teure Reiseführer – aber den einen mißtraut man, und die anderen beantworten einfach nicht die Fragen, die einem wirklich naheliegen. Deshalb gehen Reisebüros immer mehr dazu über, zu Werbezwecken Videofilme ihrer Kunden zu kaufen, die den Urlaubsort zweckmäßig beschreiben. Zweckmäßig ist dabei etwas ganz anderes als schön. Natürlich sollten die Aufnahmen richtig belichtet, scharf eingestellt und nicht gerade unästhetisch sein. Ansonsten müssen sie aber genau das zeigen, was die Urlauber interessiert: das Hotel, das Zimmer, den Speisesaal, vielleicht den Blick auf eine Speisekarte des Hotels, den Strand, die Kneipe, ein bißchen Gegend und ähnliche Dinge. Am wichtigsten sind aber zweifellos die Dinge, die das Leben angenehm machen oder einem den Urlaub verderben können, wenn sie nicht den Wünschen entsprechen.

Natürlich kommt kein Reisebüro auf seine Kunden zu und bittet um den Urlaubsfilm – meist ist er auch gar nicht zu verwenden, weil immer wieder die eigene Frau, die eigenen Kinder gefilmt wurden, und das interessiert niemand außer den Betroffenen. Aber es lohnt sich, wenn die Videokamera nebst Recorder ohnehin mit in den Urlaub genommen werden, einen kleinen Videostreifen so zu drehen, wie ihn sich

Faschingsumzüge wie dieser Umzug in New Orleans haben viele Abnehmer, z. B. das Presseamt der Stadt, die Ragtime-Bands, der Veranstalter als Sponsor, als Teil von einem „Heimatfilm" über die berühmte Stadt am Mississippi. Ideal für ortsansässige Video-Filmer.

Reisebüros wünschen. Vielleicht hat man Glück, ansonsten bleibt er eben eine gute Gedankenstütze, wenn man sich später genauer an seinen Urlaubsort erinnern will.

Natürlich gibt es neben diesen auf den vorangegangenen Seiten aufgezählten noch eine ganze Reihe von weiteren Möglichkeiten, mit Video Geld zu verdienen. Aber meistens ist dann der Aufwand doch höher, und wir kommen später darauf zu sprechen. Für die einfacheren Video-Variationen dieser Seiten genügt im allgemeinen aber eine normale Videoausrüstung. Selten ist mehr nötig. Und auch die Erfahrung, die ein Videofilmer zur Bewältigung dieser Aufnahmen braucht, ist eher gering.

Normale Ausrüstung genügt

Halbprofis:
Ideale Voraussetzungen

Größere Investitionen nötig

Der Schritt vom Amateur, der mit seinem Hobby nebenbei etwas Geld verdient, zum Profi ist meist gar nicht weit. Auch wenn man zur Sicherheit noch seinen angestammten Beruf eine Weile beibehalten will, also nur eine Art Halb-Profi wird, sind zu diesem Zeitpunkt aber meist größere Investitionen nötig. Besonders, wenn es sich um die Videobranche handelt. Denn wer von Videofilmen leben will, der muß damit relativ viel Geld einnehmen – und das bekommt er nur bezahlt, wenn er auch anständige Qualität liefert.

Eine hochwertige Ausrüstung

Handwerkliches Können muß ohnehin vorausgesetzt werden, wenn der Schritt in die Video-Selbständigkeit gewagt wird. Aber auch technisch muß das Ergebnis den Kunden voll zufriedenstellen, um ein anständiges Honorar zu rechtfertigen. Das bedeutet, daß nun eine hochwertige 1/2-Zoll-Ausrüstung oder gar eine semiprofessionelle 3/4-Zoll-Ausrüstung fällig ist. Das kostet Geld. Zumal noch etliches Zubehör unbedingt notwendig ist. Zwar kann man diese Geräte auch mieten oder leasen, ob das aber auf die Dauer die richtige Basis für einen Geschäftsneuanfang ist, muß genau kalkuliert werden.

Natürlich kann der Halb-Profi den gleichen Kundenkreis ansprechen, für den auch ein reiner Amteur-Videofilmer arbeiten kann. Technisch und vom Können her werden ihn die anfallenden Aufgaben kaum überfordern – sonst wäre der vorsichtige Schritt in die Selbständigkeit ohnehin zu früh unternommen worden. Aber von solchen kleineren Aufträgen, wie Hochzeiten und Taufen, wird man nicht leben können. Der Aufwand und das vertretbare Honorar liegen doch so weit auseinander, daß sich derartige Aufträge streng wirtschaftlich betrachtet kaum lohnen. Das zeigt ein kleines Beispiel: Wer etwa eine Hochzeitsfeierlichkeit auf Videocassette bannt, muß dafür einen Zeitaufwand von zirka sechs Stunden rechnen (Standesamt, Trauung in der Kirche, Nachmittagskaffee, abends der Brauttanz, die Feier), dazu kommt noch die Zeit für die Vorbereitungen (knappes Drehbuch). Anschließend sollte der Film noch elektronisch geschnitten werden. Alles in allem ein Gesamtaufwand von wenigstens zwölf Stunden.

Von kleinen Aufträgen kann man nicht mehr leben

Und was kann man für den fertigen Film verlangen? Mehr als 300 bis allerhöchstens 500 Mark wird kein auch noch so glücklicher Bräutigam oder erleichterter Schwiegervater bezahlen wollen. Das ist ein Stundenlohn von 25 bis gut 40 Mark. Nicht übel?

Bei dieser Rechnung ist allerdings der Materialeinsatz (Cassette, Abnutzung von Gerät) noch nicht eingerechnet. Genauso muß man wissen, daß man eben nicht jeden Tag einen derartigen Auftrag bekommen wird. Manchmal muß man einen ganzen Tag für 100 Mark arbeiten, manchmal gibt es über-

Was darf ein Film kosten?

**Honorierter
Spaß**

haupt keinen Auftrag. Gerade am Anfang kann das die Standardsituation sein. Und kein Mensch zahlt einem selbständigen Unternehmer (und das ist der Videofilmer in diesem Moment) seinen Müßiggang. Von Aufträgen leben, die ein Amateur bewältigt, ist für eine Selbständigkeit und berufliche Abhängigkeit vom Videofilmen also nahezu ausgeschlossen. Der Amateur arbeitet mehr aus Spaß und läßt sich diesen Spaß honorieren. Schon kleinere Summen stellen ihn voll zufrieden. Ein Halb- oder Voll-Profi aber muß mit seinen Video-Filmen das ganze Geld verdienen, das er zum Lebensunterhalt für sich und seine Familie braucht. Das sind meist ganz erhebliche Beträge, und man ist gezwungen, sich nach anderen, lukrativeren Aufträgen umzusehen.

**Wer hat
Bedarf?**

Bei der Suche nach solchen Aufträgen hilft meist eine ganz klare Frage: Wer hat Bedarf an Videofilmen? Es hat wenig Sinn, jemandem eine Videoproduktion aufzureden, der sie dann gar nicht oder nicht in dem vorgesehenen Rahmen verwenden kann. So schafft man höchstens unzufriedene Kunden – und die sind die allerschlechteste Werbung, die es gibt. Also: Wer hat Bedarf?

Zunächst vielleicht die größeren Händler am Ort. Jeder, der ein Handelsgeschäft besitzt, muß seine Ware anpreisen. Die alte Methode ist die übliche: Man stellt in großen Schaufenstern aus, was man hat. Aber eine Videodemonstration kann sehr viel eindrucksvoller sein. Denn Video kann mehr leisten als das Stilleben im Schaufenster. Es kann die angepriesene Ware genauso im Bild vorstellen, das offerierte Produkt aber dann noch zusätzlich drehen und wenden und in Aktion zeigen, um seinen Sinn und Nutzen **Alles in** ganz klar und sofort einsichtig zu demonstrieren. Das **Aktion zeigen** ist ein Vorteil, den Kaufhäuser und Händler schnell einsehen werden.

Außerdem kann die Videowerbung im Schaufenster auch ganz anders ausfallen: Es genügt, zum Beispiel lustige Zeichentrickfilme im Schaufenster via Mattscheibe vorzuführen. So bleiben die potentiellen Kunden auf jeden Fall länger vor dem Schaufenster stehen, als wenn sich darin nichts bewegen würde. Und je länger sie stehen bleiben, um so mehr nehmen **Der Blick** sie auch von den nebenher angebotenen Produkten **aus dem** auf. Der Blick aus dem Augenwinkel kann genügen, **Augenwinkel** um Kauflust zu erzeugen. **genügt**

Aber nicht nur die reinen Werbefilme sind ein lukratives Arbeitsgebiet für Video-Filmer mit größeren Ambitionen. Auch erklärende Streifen werden immer mehr und mehr gesucht. Beispielsweise von Baumärkten. Diese heute immer weiter verbreiteten Heimwerker-Läden mit ihrem riesigen Angebot an Material und Maschinen können nämlich eines kaum mehr leisten: eine vernünftige Fachberatung. Verkäufer sind meist schlecht oder gar nicht geschult und eher zum Auffüllen von Regalen angestellt als zur Kunden-

93

beratung. Kennt sich der Verkäufer aber in seiner Materie gut aus, hat er meist viel zuviel Produkte und damit auch viel zuviel Kunden gleichzeitig zu betreuen – Beratungsgespräche sind da kaum mehr möglich.

Hier kann Video einspringen. Schon etliche Heimwerker-Märkte gehen dazu über, verschiedene Produkte (meist Maschinen) auf der Mattscheibe vorzustellen. Das ist oft noch eindrucksvoller, als es ein Verkaufsgespräch sein könnte, bei dem schließlich kaum der Nutzen eines Geräts praktisch demonstriert werden kann. Mit Video ist das kein Problem.

Video stellt Produkte vor

In Amerika offerieren Heimwerker-Shops ihren Kunden bereits ganze Videobibliotheken, mit deren Hilfe immer wiederkehrende Grundfragen der Kundschaft beantwortet werden. Das funktioniert ganz einfach: Beispielsweise will jemand wissen, was er zum Fliesenlegen braucht und wie das geht. Auf Anforderung legt ein Verkäufer nur die Fliesenleg-Cassette in den Recorder und kann sich nun anderen Aufgaben widmen. Der potentielle Kunde wird derweil umfassend und mit vielen sinnvollen Demonstrationen von Verfahrensweisen über alle Möglichkeiten und Materialien zum Fliesenlegen aufgeklärt. Ähnliche Filme lassen sich für viele andere Heimwerker-Probleme ersinnen.

Wie werden Fliesen gelegt?

Notwendig dazu ist nur, den Boss eines solchen Heimwerkermarkts davon zu überzeugen, daß er solche Filme in Auftrag geben muß. Aber darüber später mehr.

94

Mit Video lassen sich Heimwerkermaschinen, kurz alle technischen Geräte, optimal demonstrieren. Die Werbung benutzt zunehmend Videofilme.

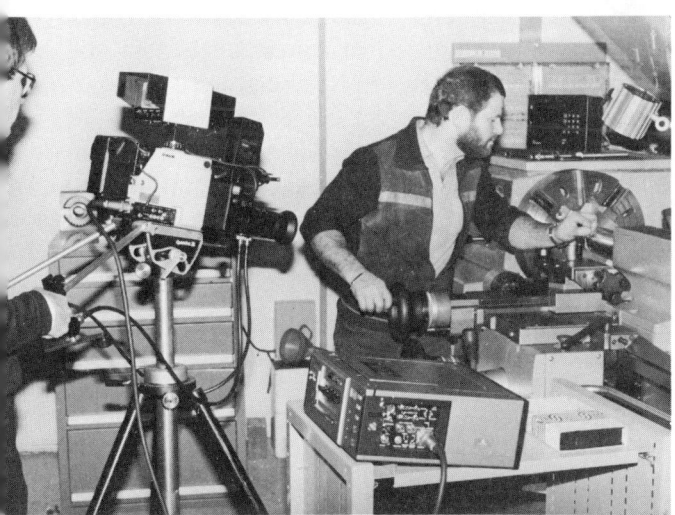

Hier ist ein Profi am Werk. Bei BMW werden alle Lehrlinge mit Video-Demonstrations-Lehrfilmen geschult. Das Münchner Werk war Vorbild für andere Großfirmen. Heute wird damit von der Video-Film-Branche das große Geld gemacht.

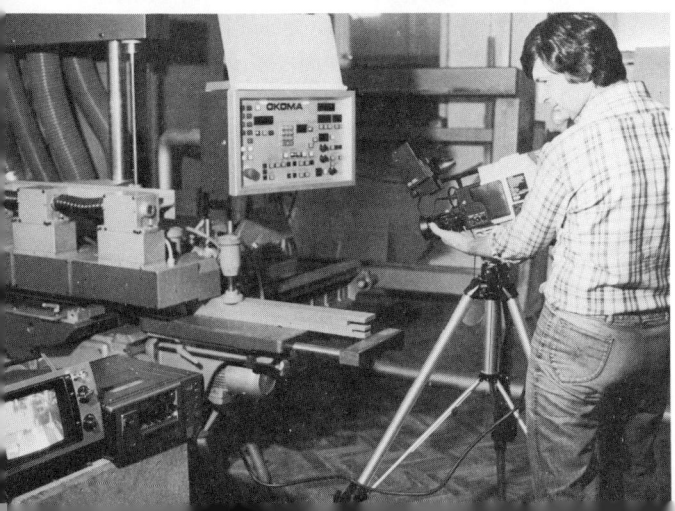

So arbeiten Profis. Ständige Aufnahmekontrolle über einen Monitor für diesen Industrie-Lehrfilm. Vorteile gegenüber einer 16 mm Filmkamera sind die höhere Lichtempfindlichkeit, kaum spürbare Videobandkosten und besonders die augenblickliche Kontrolle der Aufnahmen.

Ähnliche erklärende Filme lassen sich natürlich auch für andere Gebiete vorstellen: Küchentechnik, Hobbyanleitungen und so weiter.

In diesen Bereich der erklärenden Videofilme fallen auch Industriefilme. Fast jeder Betrieb hat öfter Anlaß, interne Firmendinge deutlich, lebendig und werbend zu erklären. Beispielsweise, wenn den Aktionären die Jahresbilanz vorgelegt wird. Dann wird kaum mehr jemand darauf verzichten wollen, auch im Bild zu demonstrieren, wie gewirtschaftet wurde. Beispielsweise wird eine neue Modellreihe per Video demonstriert, die neuen Produktionsanlagen könnten gezeigt oder eine Übersicht über das eben erworbene Grundstück gegeben werden, auf dem der neue Firmensitz entstehen soll. Firmenchefs wissen meistens,

Der Mensch ist ein Augentier

daß der Mensch ein »Augentier« ist und deshalb jede optische Information allen anderen Informationen vorzieht, deshalb werden viele zu Video greifen.

Fast nicht auf Video verzichten können werden Betriebe, wenn sie den Abschluß größerer Aufträge vorbereiten. Da kommen beispielsweise finanzkräftige Besucher aus dem Ausland – ihnen können Leistung und Service kaum besser demonstriert werden als durch eine spannende und umfassende Videodokumentation.

Aber nicht nur Privatleute, nicht nur Firmenbosse und Kaufhausgeschäftsführer haben Interesse an

Video. Ganz große Videoproduzenten und Abnehmer sind natürlich auch die Fernsehanstalten. Obwohl
der Zugang für einen freien Videofilm-Produzenten
hier nicht einfach ist, sollte man sich darum bemühen
und nicht gleich resignieren. Um Aussichten auf Erfolg zu haben, muß man aber einiges über die Fernsehanstalten, ihre Gliederung und die Situation der dort
Beschäftigten wissen.

Geschäft mit dem Fernsehen

Zunächst: Die Fernsehanstalten sind öffentlich-
rechtliche Anstalten. Das bedeutet ganz vereinfacht
für uns: Dort herrscht eine strenge Hierarchie, die
kaum zu durchbrechen ist, und wer einmal dort
angestellt wurde, ist praktisch unkündbar. Darin
machen weder das ZDF noch die Anstalten der ARD
oder die regionalen dritten Programme einen Unterschied.

Technisch sind die Fernsehanstalten natürlich
bestens ausgestattet, und was für einen Normalbürger
Video ist (egal ob in VHS, Video 2000 oder Beta), ist
für Fernsehtechniker höchstens belächeltes »Micky-
Maus-Video«. Die technischen Ansprüche der Fern-
sehmacher sind höher. Nur wer wirklich einmalig
sensationelle Aufnahmen auf das schmale Konsum-1/
2-Zoll-Band aufgezeichnet hat, darf hoffen, diese
gegen Geld an Fernsehanstalten loszuwerden. Wer
»normale« Filme liefern will, muß sich schon auf die
Ansprüche der Bildschirmprofis einstellen und zum
teuren 3/4-Zoll-Band greifen.

Hohe technische Ansprüche

Drachenflugausbildung ist heute ohne Video-Lehrfilm kaum denkbar. Auch die neuen Ultralight-Flugzeuge sind besonders geeignete Video-Objekte, weil sie langsam fliegen.

Ein exotisches Muskelkraft-Flugzeug erlebt bald seinen ersten Start. Von der ersten Zeichnung bis zum Jungfernflug wurde alles per Video festgehalten.

Kleiner Anfang, aber gutes selbstverdientes Geld. Dieser Halbprofi machte innerhalb eines halben Jahres vier Videofilme und gilt jetzt schon als Spezialist für Rennfilme.

Wer Kontakt zu jemandem bekommt, der beim Fernsehen beschäftigt ist, wird immer wieder hören, daß es nahezu aussichtslos ist, für die Fernsehanstalten zu arbeiten. Dazu muß man aber eines wissen: Tatsächlich leisten freie Mitarbeiter den Großteil der Arbeit im Programmbereich. Das heißt: Nichtfestangestellte drehen, produzieren, vertonen die meisten Fernsehsendungen. Die festangestellten Redakteure und Abteilungsleiter sind meist so mit der Verwaltung ausgelastet, daß sie zu eigenen Produktionen kaum kommen.

Freie Mitarbeiter sind gesucht

Fast jeder Redakteur hat einen ganzen Stab mehr oder weniger freier Mitarbeiter, die er immer wieder für neue Aufgaben einsetzt. Die meisten dieser freien Mitarbeiter, die für jede geleistete Arbeit ein entsprechendes Honorar erhalten, das sie selbst versteuern müssen, haben allerdings fast schon ein reguläres Arbeitsverhältnis. Da gibt es Beleuchter, Requisiteure, Kameraleute, Assistenten, Tontechniker, Regisseure, Moderatoren, die immer wieder eingesetzt werden und mit Gerät arbeiten, das den Fernsehanstalten gehört. Aber gerade kleinere Filmproduktionen bestellen Redakteure auch bei ganz freien Produktionsteams. Hier liegt eine Chance. Aber wo ansetzen?

Freie Produktionsteams

Zunächst mit einem intensiven Studium der Programmzeitschriften. Wer hat viele Programmteile, die mit kurzen Filmen gefüllt werden? Ein Blick ins

99

**Wer sendet
kurze Filme?**

Programmheft klärt auf: ZDF sendet jeden Tag zum Beispiel die »Tele-Illustrierte«, eine Mischung aus Nachrichten kurioser Art, die in den Hauptnachrichtensendungen keinen so ausführlichen Platz bekommen können. Und dann erst die dritten Programme! Alle haben jeden Tag längere Programmteile, die Berichte aus dem regionalen Umfeld bringen (Landes- und Regionalschauen).

Wer solche Sendeblöcke einige Zeit hindurch sehr genau und aufmerksam studiert, wird sehr schnell erkennen, welche Themen verlangt werden und in welcher Form sie aufbereitet werden müssen, um dem Standard der jeweiligen Sendung zu entsprechen. Die

**Keine hohen
künstlerischen
Ansprüche**

künstlerischen Anforderungen sind meist gar nicht so groß wie befürchtet. Das erklärte ein Buch über die deutschen Rundfunkanstalten schon vor zehn Jahren so: In der Regel sind die Arbeitnehmer in den Rundfunkanstalten

- nicht überbezahlt (bis auf wenige),
- keine Künstler (bis auf ganz wenige),
- keine Genies (bis auf ganz, ganz wenige), sondern arbeiten in einer Profession, die für den Außenstehenden mit dem Flair der großen Welt behaftet, für 90 Prozent der Beschäftigten aber ein Job wie jeder andere ist.

**Redakteure
sind auch
Menschen**

Und genau hier muß der Weg in die Fernsehhäuser ansetzen: Redakteure sind Menschen wie alle anderen auch. Nur mit einem Unterschied: Sie verge-

100

ben Aufträge an freie Mitarbeiter. Allerdings entscheiden sie nicht immer allein. Meist muß der Abteilungsleiter gehört werden; der holt sich die Zustimmung beim Hauptabteilungsleiter, und der sichert sich dann vielleicht noch in der Programmsitzung ab. Die Hierarchie!

Für kleinere Filme ist aber der jeweilige Redakteur der Sendung zuständig. Das beste ist: Man lernt ihn kennen. Möglicherweise kann man die Kneipe ausfindig machen, in der er verkehrt, oder man lernt jemanden kennen, der den Redakteur kennt – alles sehr verschlungene und nicht unbedingt zum Erfolg führende Wege. Einfacher geht es so: Man ruft einfach an und bittet um einen Gesprächstermin.

In die Kneipe gehen

Jeder Redakteur wird diesen Termin geben, wenn man ihm ein interessantes Thema in Aussicht stellt, denn Redakteure sind, wie gesagt, notorisch überlastete Wesen, die froh sind, wenn sie ihre Arbeit schaffen. Das geht nur mit Hilfe von freien Mitarbeitern. Wenn der Redakteur Zeit zu einem kurzen Gespräch hat, ist schon viel gewonnen. Denn dann gilt grundsätzlich: Er hat Interesse an der Arbeit des freien Mitarbeiters, und er wird zugreifen, wenn ihn die Arbeit überzeugt.

Es hat nämlich herzlich wenig Sinn, mit leeren Händen beim Redakteur zu erscheinen. Wenn er noch nie mit dem »Neuen« gearbeitet hat, wird er sich gelangweilt und ohne richtig zuzuhören ein paar Minu-

Rufen Sie an, wenn Sie was haben

ten unterhalten (Sie haben ihm ja nichts Konkretes zu bieten) und dann schnell eine Möglichkeit finden, sich zu verabschieden. Etwa so: »Sie entschuldigen, da drüben ein wichtiger Kollege. Also, wenn Sie was haben, können Sie ja wieder anrufen. Sie wissen ja, worauf es ankommt.«

Der Möchtegern-Mitarbeiter steht dann betroffen da und weiß gar nichts. Der Redakteur hat ihm mit ein paar Floskeln versucht beizubringen, daß er nur fertiges Material braucht. Und einen Auftrag könne er natürlich nicht geben, weil man sich ja schließlich noch **Auf eigene** gar nicht kenne. Also solle man es zunächst einmal auf **Faust** eigene Faust probieren und sich dann wieder melden.

Solche Niederlagen kann man sich leicht ersparen, wenn man gleich was zum Vorzeigen mitbringt. Am besten einen fertigen Film über ein Thema, von dem man annehmen kann, daß es in die Sendung des Redakteurs paßt. Was das für Themen sind, muß man schon vorher beim eifrigen Tele-Genuß erspüren. Sicher aber ist: Aktuelles läuft am besten – wobei auch Jahrestage, Jubiläen und dergleichen aktuell sind. Also: den Probestreifen überreichen, Telefonnummer dalassen und wieder gehen. Es hat nämlich keinen Sinn, lange mit dem Redakteur zu reden. Man kennt sich schließlich nicht, weiß nicht, was man voneinander zu halten hat und könnte deshalb ohnehin nur **Kurze** Belanglosigkeit austauschen. Das hilft keinem, **Gespräche** macht höchstens eine schlechte Stimmung.

102

Erst wenn mindestens eine Woche vergangen ist,
ohne daß man eine Nachricht vom Sender bekommen
hat, darf man telefonisch nachfragen. Oft hat der
Redakteur einfach vergessen, den Streifen anzusehen. Da hilft nur eines: Den Film zurückverlangen
(höflich, aber bestimmt) und es bei einem anderen
zuständigen Redakteur zu versuchen.

Eines ist gewiß: Ohne Redakteur läuft beim Fernsehen nichts. Aber auch das ist sicher: Fernseh-
Redakteure sind auf freie Mitarbeiter angewiesen.
Und wer einige Male für einen bestimmten Redakteur
zufriedenstellend gearbeitet hat, darf immer wieder
auf neue Aufträge hoffen, denn Fernsehredakteure
sind anhänglich.

Ohne Redakteur läuft nichts

Es lohnt, schon vorher zu überlegen, bei welcher
Fernsehanstalt man anklopfen möchte. Denn auch die
Honorare sind unterschiedlich. Die Faustregel lautet:
Je kleiner die Anstalt, desto niedriger die Honorare.
Meist werden für die Drehzeit Festhonorare schriftlich
vereinbart. Auch wenn eigenes Gerät verwendet wird,
gibt es dafür einen festen Tagessatz. Bei all diesen
Honoraren hat es übrigens kaum Sinn zu handeln – das
können sich mit einigem Erfolg nur die Bildschirmpro-
minenten erlauben. Denn die Honorarsätze sind fest-
gelegt (kein Wunder in einer öffentlich-rechtlichen
Anstalt, Fernsehhonorarsätze siehe S. 203). Pro

Festgelegtes Honorar

Minute wird eine bestimmte Summe bezahlt. Das ist ähnlich wie in Zeitungsredaktionen, wo häufig pro gedruckte Zeile honoriert wird.

Die ersten Sporen

Übrigens lohnt es sich, ehe man ans Fernsehen herantritt, sich bei Zeitungen oder Zeitschriften die ersten journalistischen Sporen zu verdienen, sich um ein Volontariat zu bemühen oder bei Zeitung, Zeitschrift oder Funk zu hospitieren. Das bringt zwar kein Geld, aber Erfahrung im Umgang mit Journalisten. Und davon hängt sehr weitgehend der Erfolg in diesem Gewerbe ab.

Luftaufnahmen mit der kompakten Kamera-Recorder-Einheit von Sony. Sehr viele Probestreifen sind nötig, bis die Kameratechnik perfekt ist. Die Vibrationen stören, deshalb Schulterstativ einsetzen.

104

Kinderleicht zu filmen – die Traktor-Puller aus Amerika. Die Aktion ist gewiß, die Strecke kurz und überschaubar. Gute Voraussetzungen für Erfolg. Handkamera einsetzen. Kilometer-Marathon-Rennen in Hockenheim. Ideale Videoreportage für den Veranstalter, den Sponsor und die beteiligten Firmen. Alle haben Videoarchive.

Tragflächenboot im Versuch. Festgehalten von der Technischen Universität mittels Video. Optimaler Start für einen technisch interessierten Studenten mit eigener Video-Kamera.

Spezialisten

Wozu brauchen wir überhaupt einen Jaguar? Ernsthaft. Es gibt schließlich genug brauchbare Autos. Was soll der Jaguar? Trotzdem wird der Jaguar gekauft. Obwohl er nicht schneller, nicht stärker, nicht billiger, nicht sparsamer, nicht komfortabler ist als andere Automobile. Aber er ist eben ein Jaguar – etwas ganz Spezielles.

Was ganz Spezielles

Es gibt genug Leute, die immer wieder etwas ganz Spezielles suchen – nicht allzuviele, aber sie bezahlen sehr gut für die Erfüllung ihrer Wünsche. Das haben viele Marktexperten längst erkannt. Sie produzieren Produkte, die es zwar ähnlich gibt, aber nicht so gekonnt, so auserlesen, so individuell – und sie haben Erfolg damit, Erfolg als Spezialist. Der eine bäckt die beste Pizza der ganzen Stadt, der andere stellt Vergaser ein wie sonst keiner, und der dritte dreht ganz spezielle Videofilme. Gemeint sind natürlich nicht private Pornofilme, damit kann man heutzutage kaum mehr eine müde Mark verdienen. Schließlich vermietet jede Videothek zum 6-Mark-Wochenendtarif bessere.

Aber viele andere Spezialisten verdienen mit Video ihr gutes Geld, weil sie etwas liefern, was andere nicht können. Auch der Papst ist so ein Video-Spezialist und hat eine Marktnische entdeckt. Jeder, der bei ihm eine Audienz bekommt, kann dieses Ereignis durch die vatikaneigene Videoanlage aufzeichnen lassen und anschließend die Magnetband-

Liefern, was andere nicht können

**Verdient
mit Video:
Papst**

**Könner im
Puppenfilm**

Cassette, auf der diese unwiederbringlichen Sekunden festgehalten sind, mit nach Hause nehmen (vielleicht auch, um ganz unchristlich seine Nachbarn zu ärgern). Natürlich bekommt der Gläubige die Cassette nicht umsonst. Er muß dafür einen angemessenen Preis zahlen, mit dem die Kassen des Vatikans aufgefüllt werden. Außer dem Papst kann das keiner machen. Er wird keine Nachahmer finden können, denn der Papst ist einmalig – das macht ihn zum Spezialisten.

Aber auch andere Einzelgänger haben entdeckt, wie man aus dem Medium Video fast konkurrenzlos Geld machen kann. Fast alle, die Spezialsparten des Videofilms intensiv betreuen und deswegen dort echte Könner geworden sind, haben ein gutes wirtschaftliches Auskommen. Beispielsweise Puppenfilmer. Speziell für Werbezwecke stellen sie mit relativ komplizierten Verfahren ganze Geschichten auf dem Bildschirm mit Puppen dar. Ein reizvoller Effekt, auf den für die Werbung immer wieder zurückgegriffen wird.

Ausgefallenes liefern auch die Spezialisten für Video-Grafiken. Sie zaubern mittels optischer und elektronischer Tricks die verwirrendsten und verblüffendsten Farbmuster auf Bildschirme – fast schon Video-Kunst. Ebenfalls für Werbezwecke sehr gesucht.

Ohnehin zeichnet sich ab, daß der gekonnte Umgang und das Ausnützen von technischen Möglichkeiten bei Video Probleme sind, die weite Tätigkeitsfelder für Spezialisten öffnen. Es wird zwar wohl jeder schaffen, eine Videoanlage aus Recorder, Tuner und Kamera einigermaßen brauchbar zu bedienen, aber die möglichen Tricks ganz ausschöpfen kann nur der, der sich sehr intim mit dem Innenleben und der Physik der Videogeräte auskennt. **Video-Probleme lösen** In den USA haben einige clevere Studenten sich die Volkshochschule zum Vorbild genommen und bieten mittlerweile regelmäßig Unterricht im Fach »Video« – gegen Bezahlung, natürlich. **Unterricht in Video** Meist an Wochenenden treffen sich dann entnervte Hausväter, die es nicht schaffen, ihren Videorecorder zu programmieren, junge Leute, die Videofilmen lernen wollen oder Lehrer, die von Berufs wegen mit Videoanlagen umgehen müssen. In speziellen Kursen wird allen das nötige Wissen beigebracht. Der Aufwand ist nicht sehr hoch für eine Videoschule amerikanischen Zuschnitts: geeignete Räume, Übungsgeräte und viel Wissen und Geduld.

Meist reicht die Anleitung in solchen Kursen sehr weit. Da wird an Wochenenden richtiger Filmunterricht gegeben. Vom Drehbuch bis zur Kameraarbeit. Während der Woche können dann die Schüler, aber auch andere Interessenten, auf den Geräten der Schule ihre Film-Eigenproduktionen schneiden. Unter fachmännischer Anleitung. Denn gerade dabei haben viele Videobegeisterte immer wieder Schwierigkeiten. Schließlich läßt sich Videoband nicht so leicht mit der Schere schneiden wie etwa Super-8-Filmmaterial. Zum elektronischen Schneiden der auf Video gedrehten Szenen ist ein zweiter Recorder nötig, auf den die gewünschten Szenen in der richtigen Reihenfolge und Länge überspielt werden. Ein Aufwand, der für einen Privatmann einen ziemlichen finanziellen Einsatz bedeutet. Amerikaner ziehen es deshalb vor, ihre Filme in Video-Shops und -Schulen zu bearbeiten oder bearbeiten zu lassen.

Private Filme bearbeiten

Bei dieser Gelegenheit kann mittels eines Schriftgenerators auch gleich ein Titel eingeblendet werden. Solche Video-Workshops gibt es hierzulande noch nicht. Aber in Großräumen dürften sich sinnvolle Möglichkeiten ergeben. Das muß man ausprobieren. Am besten per Inserat mal eine Video-Vorlesung anbieten.

Reparatur-Schnelldienst

Gute Chancen haben in Zukunft auch andere Service-Leistungen für Videobenutzer. So gibt es in anderen europäischen Ländern bereits Videoreparatur-Schnelldienste – ganz analog zu den auch bei uns bekannten Fernsehreparatur-Schnelldiensten. Natürlich genügt es bei Videoreparaturen nicht, einfach schnell da zu sein und dann flott das Gerät wieder in Gang zu bringen. Ein Aufzeichnungsdienst gehört schon dazu. Während das Gerät des Kunden wieder instand gesetzt wird, zeichnet man für den Auftraggeber alle Fernsehsendungen auf, die er selbst einstweilen nicht auf Video bannen kann.

Zu einem Video-Reparaturdienst gehört auch ein Spezieliast, der sich rasch um die empfindlichen Köpfe in Videorecordern kümmert. Der Videokopf ist nämlich das am meisten beanspruchte Teil des Geräts. Und wenn das Bild schlechter wird, liegt's meistens am abgenützten Kopf. Diese Köpfe müssen deswegen nach 1000 bis 3000 Stunden Laufzeit erneuert werden. Bei steigender Zahl von Videorecordern kommt da eine lukrative Aufgabe auf uns zu.

Nach 1000 Stunden einen neuen Kopf

Wie gut die Chancen für Videoarchivare auf die Dauer sind, läßt sich dagegen schwer abschätzen. Vereinzelt gibt es diese Leute schon, die im Auftrag die wertvollsten Dinge zum Beispiel einer Familie auf Magnetband festhalten. Da werden Versicherungspolicen, Taufurkunden, Briefmarken- oder Münzsammlungen, aber auch liebgewonnene Dias aufgezeichnet. So hat man schnell ein sehr handliches und umfassendes, jederzeit griffbereits Archiv. Die Originale wandern derweil in den Safe.

Urkunden auf Video

Um Originale ganz anderer Art geht es bei der Dienstleistungssparte Videobriefe und Videotestament. Vor allem der Letzte Wille wird immer häufiger auf Magnetband aufgezeichnet, um nach dem Ableben den Erben noch einmal in Ton und Bild die Meinung sagen zu können – freundlich oder unfreundlich. Solch ein Testament wirkt natürlich sehr viel

**Das Testament
auf dem
Bildschirm**

stärker als ein schriftliches Dokument, das aber auch neben dem Video-Testament angefertigt werden muß, damit es mit dem letzten Willen keine rechtlichen Probleme gibt.

Einen ganz ähnlichen Effekt erzielen Videojünger heute mit Videobriefen – man schreibt nicht mehr (nur noch die Adresse), sondern setzt sich vor die Videokamera und plaudert. Die Aufnahme von diesem Plauderstündchen schickt man dann per Post an den, dem man etwas mitzuteilen hat. Zweifellos eine feine Sache für Familienmitglieder, die räumlich weit voneinander entfernt leben, um wenigstens an Festtagen bei den Lieben sein zu können – und sei es nur auf der Mattscheibe. Geburtstagswünsche bekommen so

**Bildhafte
Muttertags-
grüße**

die gleiche persönliche Note wie Muttertagsgrüße oder Weihnachtsüberraschungen.

Natürlich kann ein Videotestament oder einen Videobrief jeder aufnehmen, der eine Kamera besitzt. Und hier ist die Stelle, an der man professionell einhaken kann: Es gibt zwar viele Videorecorder in Deutschlands Wohnstuben und Fernsehkämmerchen, aber die allerwenigsten leisten sich dazu eine Kamera (einfach weil sie sehr teuer ist und nur selten benutzt würde). Deshalb hat ein kleines Studio mit netter Atmosphäre sehr gute Aussichten, mit derartigen privaten Aufnahmen Geld zu verdienen.

Gang zum Kunden

Warum sehen Bankbeamte immer aus wie Bankbeamte? Anzug und Krawatte gehören bei ihnen zur Berufskleidung. Wieso?

Es ist eine alte Tatsache: Fast alle Menschen haben etwa die gleichen Vorstellungen von verschiedenen Berufen – ob sie richtig sind oder nicht. Und natürlich werden davon auch die Vorstellungen von den Leuten geprägt, die die entsprechenden Berufe ausüben: ein Grafiker hat lange Haare, aber ein Arzt gewiß nicht; ein Lehrer trägt Cordhosen, aber ein Bankbeamter eben nicht.

Ein Arzt hat keine langen Haare

Tatsächlich halten sich fast alle Angehörigen einer bestimmten Berufssparte, ohne lang zu überlegen, an die Vorurteile, die über ihren Beruf und seine Nebenerscheinungen bestehen. Und zwar halten sie sich aus gutem Grund dran: nur so ecken sie nicht an, werden sie als das anerkannt, was sie sind. Das erleichtert ihren Beruf erheblich.

Nicht anecken

An diese lapidaren Grundweisheiten muß auch der Videofilmer denken, wenn er seine Kunden aufsucht. Schon der erste Eindruck und das Benehmen entscheiden darüber, ob der Auftrag vergeben wird oder nicht. Meist hat der Kunde ja auch gar keine anderen Anhaltspunkte, nach denen er die Person und die Leistungen von jemandem beurteilen soll, den er gar nicht kennt.

Also, wie sieht das Vorurteil über einen Videofilmer aus? Wie ist sein Image? Man kann eigentlich nicht sehr viel falsch machen. Nadelstreifenanzug würde zu sehr in die Nähe von »Betrüger« kommen, schmutziger Gammellook und dreckige Haare sind zu viel »Gammler«. Aber alles, was dazwischen liegt, wird nicht den Vorstellungen von dieser Berufssparte widersprechen.

Nicht katzbuckeln

Wichtiger als das Äußere ist aber das Auftreten. Wer devot und katzbuckelnd zum Kunden kommt, wird Mühe haben, den Auftrag zu bekommen. Aus einem ganz einfachen Grund: Man erwartet von ihm schließlich eine gute Arbeit, und die kann nach allgemeinem Selbstverständnis nur der leisten, der selbstbewußt auftritt – nicht arrogant, aber eben doch selbstbewußt. Er darf auf keinen Fall den Eindruck machen, er sei seinem Kunden zum Dank verpflichtet, wenn der ihm den Auftrag gibt. Lieber mal ablehnen, als bei schwierigen (finanziell unzureichenden) Bedingungen zu akzeptieren.

Offen auftreten

Darüber hinaus ist es wichtig, dem potentiellen Auftraggeber offen gegenüberzutreten. Das bedeutet, ihm in die Augen sehen, optimistisch, freundlich sein, ihn direkt nach seinen Wünschen und Vorstellungen über den Auftrag befragen.

Dabei wird man immer wieder feststellen, daß der Auftraggeber höchstens eine vage Ahnung von dem hat, was er will. Das bedeutet aber nicht, daß er keine Vorstellung besitzt. Er kann nur nicht ausdrücken, worauf es ihm ankommt. Wenn Sie gute Arbeit leisten

wollen, müssen Sie so genau wie irgend möglich herausfinden, was man von Ihnen verlangt. Die einfachste Methode: reden lassen und immer wieder gezielt
zwischenfragen. Fassen Sie in Worte, was er mangels
Fachkenntnis nicht konkretisieren kann.

Natürlich wird es häufig vorkommen, daß bestimmte Wünsche schon aus technischen Gründen gar
nicht erfüllt werden können. Trotzdem darf der Kunde
nie den Satz hören: Das geht nicht. Ein besserer
Gegenvorschlag wird eher akzeptiert und zeigt darüber hinaus die Kompetenz des Videofilmers. Außerdem schafft das gemeinsame Entwickeln von Ideen für **Ein**
ein Videoprojekt eine gute Atmosphäre und beider- **Gegenvorschlag**
seitige Begeisterung. Das macht die Arbeit leichter **zeigt die**
und stellt den Auftraggeber schon von vornherein **Kompetenz**
zufriedener. Die Gefahr, daß ein Flop produziert
wird, sinkt damit erheblich.

115

Werbung in eigener Sache

Franz Kanter aus einem Dorf nahe bei Ulm packte seine Videoausrüstung auf die Schulter und marschierte zur 100-Jahrfeier des örtlichen Schützenvereins. Den ganzen Tag und den ganzen Abend drehte er eine Szene nach der anderen. Zuerst den Aufmarsch der Schützen, dann den Musikzug, das Preisschießen, das Treiben an den Karussells und Buden. Das Ergebnis seiner Mühe führte er dann der Dorfbevölkerung vor – von morgens bis abends. Dazu packte er einfach Abspielrecorder und Bildschirm in das Schaufenster eines befreundeten Apothekers und ließ den Videofilm pausenlos laufen.

Video im Schaufenster

Schon nach einem halben Tag kannte jeder im Dorf Franz Kanter. Und jeder wußte, daß er Videofilme drehte. Gute sogar. Die Leute kamen in Scharen vor das Schaufenster, blieben stehen, amüsierten sich. Und die Kaufleute des Ortes sahen, daß Videofilme eine neue Methode sein können, um die Kunden zu ihrem Geschäft zu locken. Franz Kanter bekam bald seinen ersten Videofilm-Werbeauftrag.

Video lockt neue Kunden

Den verdankte er allein seiner Werbung in eigener Sache. Denkbar einfach und doch raffiniert war er vorgegangen. Er wollte mit Videofilmen Geld verdienen. Aber wie? Keiner wußte von seiner Absicht, und natürlich wußte auch keiner, ob Franz Kanter das überhaupt konnte. Nicht einmal er selber, offengestanden. Da kam er auf die Idee, einfach alles auf eigene Faust zu versuchen. Als er den Videofilm im

116

Schaufenster der Apotheke zum fünften Mal laufen ließ, wußte er schon, daß sein Film Aufmerksamkeit erweckt. Er konnte auch darauf rechnen, daß potentielle Kunden von der Menschentraube vor der Apotheke erfuhren, denen damit gleichzeitig eindeutig bewiesen wurde, daß Videofilme tatsächlich Kunden anziehen können.

Die Rechnung ging auf, wie die Reaktionen der örtlichen Händler und später auch weit über die Dorfgrenzen hinaus zeigten. Ohne Werbung wäre Franz Kanter das nie gelungen.

Werbung muß sein

Ohne Werbung kommt keiner aus, der ein eigenes Geschäft betreibt – auch nicht, wenn er sich mit dem Medium Video beschäftigt. Aber die Werbung muß möglichst effektiv sein. Das bedeutet nichts anderes, als daß möglichst viele Kunden mit dem geringsten Aufwand gewonnen werden.

Natürlich kann man einfach in einer örtlichen Zeitung ein Inserat aufgeben und dort alle seine Dienste anbieten. Nur: Dieses Inserat wird teuer (weil sehr viel aufgezählt werden muß, damit ja nichts vergessen wird), dieses Inserat wird sehr unübersichtlich (weil da so viel zu lesen ist) und dieses Inserat wird wenig Kunden anlocken (weil es die, die es lesen sollten, möglicherweise gar nicht sehen).

Deswegen gelten für Zeitungsinserate einige Grundsätze, an die man sich sehr eng halten sollte. Zunächst einmal muß die Zielgruppe bedacht werden.

Inserate sind teuer

117

Wer soll das Inserat lesen? Das können ganz unterschiedliche Bevölkerungsgruppen sein: Videothekenbesucher, Sportfans, Heiratskandidaten, Bildungssuchende, Heimwerker und viele andere Gruppen. Für jeden gibt es in Zeitungen einen Platz, an dem seine Aufmerksamkeit am leichtesten gewonnen werden kann, einfach, weil er bestimmte Seiten besonders intensiv liest. Den Sportfan wird eine Anzeige im Sportteil leichter erreichen als in den kirchlichen Nachrichten, ein Videothekenkunde ist sicher über eine Annonce bei den Film- und Kinoankündigungen oder im Fernsehprogramm leichter zu erreichen als im Wirtschaftsteil.

Sportfans über den Sportteil erreichen

Das erste ist also, über die Placierung der Anzeige nachzudenken. Die Tageszeitungen sind selbst bei ausgefallenen Wünschen noch sehr flexibel und helfen, die angepeilte Zielgruppe möglichst genau zu erreichen. Dabei kann dann leicht die Situation entstehen, daß man zwischen zwei Placierungsmöglichkeiten wählen muß. Zum Beispiel hätte eine Videothek den neuen »Beckenbauer-Film« im Sportteil oder im vermischten Teil oder aber sogar bei den Kino-Ankündigungen inserieren können. Was wäre richtig gewesen? Richtig, weil es die meisten Kunden eingebracht hätte? Anzeigenprofis hätten nicht lange gezögert und so ein spezielles Angebot den Spezialisten gemacht – also im Sportteil placieren lassen.

So konkret wie möglich anbieten

Genauso wichtig wie die Placierung der Anzeige ist aber ihr Inhalt. Grundsätzlich sollte mit wenigen Worte möglichst viel gesagt werden, und das Ganze muß dann noch auffallen. Um die eigene Anzeige aus der Masse der anderen herauszuheben, ist es zunächst notwendig, sie in der Optik anders zu gestalten als die umgebenden Anzeigen. Im Kleinanzeigenteil leistet das schon zum Beispiel ein schwarzer Rahmen, der aber nicht gerade sehr fröhlich wirkt. Leider gibt es aber für die kleineren Anzeigen, die zeilen- oder anschlagweise bezahlt werden, nicht sehr viel mehr Möglichkeiten, weil diese Anzeigen aus rationellen Gründen von der Zeitungssetzerei an einem fortlaufenden Stück in einheitlichen Schrifttypen gesetzt werden.

Viel sagen mit wenig Worten

Die Fülle der optischen Unterscheidungsmöglichkeiten beginnt erst bei größeren Anzeigen. Hier kann man von einem Grafiker eine ganz individuell gestaltete Anzeige anlegen lassen, mit Zeichnungen, unterschiedlichen Schriften und dergleichen mehr.

Grafiker gestalten lassen

Für alle Inserate aber gilt: Sie müssen einen Aufhänger haben – irgend etwas, das zum Weiterlesen reizt. Das kann zum Beispiel ein besonders günstiger Preis sein, der hervorgehoben wird, ein kurzer Satz oder gar nur ein Wort, das Aufmerksamkeit erregt.

Als nächstes möchte der Anzeigenleser wissen, was er denn nun genau für Vorteile hat, wenn er auf das Angebot eingeht, wo seine positiven Aspekte liegen. Und natürlich ist der Preis wichtig oder zumindest die Preiskategorie. Das ganze sollte möglichst knapp, aber ohne Abkürzungen, möglichst einfach, aber unmißverständlich formuliert werden.

Keine Mißverständnisse

Videothekenbesitzer haben es mit ihren Inseraten relativ einfach. Die Placierung ist leicht festzulegen, die Angebote sind deutlich und vorteilhaft (sonst lohnt die Werbung nicht), der Preis ist präzise festzulegen.

Videofilmer müssen vorsichtiger formulieren, denn Leistung und Preis hängen vom jeweiligen Auftrag ab. Dennoch können sie mit eigener Erfahrung, erworbenem Renommee oder voraussehbarem Nutzen werben. Doch die eigentliche Überzeugungsarbeit beginnt erst später, wenn dem Kunden ein Angebot über die Leistung gemacht werden soll, die er erwerben will.

Was wird erwartet?

Das Wichtigste ist zunächst das persönliche Gespräch, um zu erfahren, was der potentielle Auftraggeber erwartet. Dann offeriert man am besten ein kurzes schriftliches Angebot. Darin wird der ganze eventuelle Auftrag im genauen zeitlichen, technischen und finanziellen Rahmen aufgeführt. Dazu kommt noch die Frage nach der rechtlichen Verwertbarkeit des fertigen Produkts, die man in der Regel dem Auftraggeber anbieten wird. Wird zusätzlich ein kurzes Drehbuch beigefügt, kann das Wunder wirken, ebenso ein kleiner Videoausschnitt aus bereits geleisteter Arbeit.

Erst damit wird das Projekt für den Auftraggeber meistens richtig konkret. Und er muß sich so sicher sein wie nur möglich, daß sein Videoprojekt richtig ist, wenn er den Auftrag dazu geben soll.

Außer der Anzeige gibt es noch eine weitere Werbemethode, die den Zeitungsleser erreicht – wenn auch viel subtiler: die PR-Geschichte. Das ist **PR-Story** eigentlich nichts anderes als ein ganz normaler Zeitungsbericht, der zeigt, was ein bestimmter Mensch tut – eine sogenannte Personality-Story. Eine PR-Story ist es dann, wenn diese Story »veranlaßt« wurde. Dazu muß man entweder die Redaktionen dauernd mit Briefen oder Anrufen bombardieren und den Redakteuren klar machen, daß sie sich eine tolle Story entgehen lassen, wenn sie die Geschichte über einen selbst nicht bringen. Aber die meisten Redakteure blocken dann ab, weil die angebotenen Geschichten wohl auch nicht so aufregend sein können. Wer wird schon auf einem Seil von der Rathausglocke zum Kirchturm hinüberpilgern, nur um einen Auftrag für einen Videofilm einzuheimsen?

Oder aber man geht einen viel raffinierteren und auch nicht geraden Weg: Man sucht die Bekanntschaft eines Redakteurs. Das ist gar nicht so schwer. Schließlich sind das ganz normale Menschen mit ganz normalen Gewohnheiten. Sie gehen genau wie jeder andere auf den Sportplatz, in die Kneipe . . . Und

dort wächst auch das Klima, in dem man einen Redakteur mit der Zeit darauf ansprechen kann, ob er
nicht . . . Oft klappt es.

**Überredungs-
methode**

Direkt an den Mann führt eine andere Werbemethode, die eigentlich eher eine Überredungsmethode
ist: Man sucht aus den Lokalteilen besondere Ereignisse heraus (zum Beispiel das 25jährige Betriebsjubi-
läum des Bäckers oder den Saisonabschluß des Hand-
ballvereins) und macht den Betroffenen schriftliche
Angebote. Natürlich muß in diesem Fall besonders
genau geschildert werden, welche Vorteile und Aus-
wirkungen ein eventuelles Videoprojekt haben würde
und was überhaupt machbar ist.

122

Mit Reportagen Geld gemacht

Irgendwann im Jahr 1980«, erinnert sich der Münchner Josef Sattler,»stand ich auf einem Tennisplatz hier in der Gegend und filmte, ganz nebenbei, zwei Tennisspieler. Die wollten natürlich den fertigen Film auch sehen, und so verreinbarte ich eine Vorführung im Clubhaus.« Das Publikum war hellauf begeistert, die beiden Akteure wollten Sattler den Film abkaufen – eine Idee war geboren.

Wer das Medium Video kennt, selbst eine Anlage zuhause hat, sich selbst jedoch auch gern einmal verewigen möchte, muß sich zwangsläufig filmen lassen. Diese psychologisch ganz naheliegende Lücke wollte Josef Sattler gewinnträchtig nutzen.»Die Idee war da, ich wußte nur nicht, wie ich sie umsetzen sollte.«

Sich selbst verweigern

Wie so oft bei umsatzträchtigen Ideen, fehlten auch bei Josef Sattler die nötigen Büroeinrichtungen und die Startaufträge.»Ich machte mich auf die Suche nach einem Partner, der meiner Idee aufgeschlossen gegenüberstand und selbst etwas von der Technik verstand.« Josef Sattler suchte und fand einen Geschäftspartner in dem Elektromeister Franz Reithofer. In ihm trafen alle geschäftlichen Vorteile zusammen: er hatte eine feste Existenz, ein renommiertes Fachgeschäft, ausreichend Räumlichkeiten übrig und zudem einen festen Kundenstamm. Und er hatte vor allem Interesse für die Idee des Josef Sattler. So war die Ausgangssituation optimal. Sattler warb in

Suche nach dem Partner

den Räumen von Reithofer für seine Idee, »von allen möglichen Anlässen auf Wunsch der Kunden Video-Filme herzustellen«.

Die Anlässe waren vor allem unwiederbringliche Ereignisse wie Hochzeiten, Taufen, Jubiläen. Freilich: eine professionelle Ausrüstung ist schon von Vorteil. Dazu gehören in erster Linie U-matic-Camera, U-matic-Recorder, ein Schneidegerät, Monitor und so weiter. »Die Leute, die mich beauftragen, wollen hinterher am Bildschirm ihr Fest noch einmal nachvollziehen und sich darüber freuen. Die ganze Technik hängt an mir, damit darf ich sie nicht belasten.«

Fest nochmal nachvollziehen

Eingriffe in die Dramaturgie sind bei Fest-Filmen überflüssig. Das Geschehen läuft von selbst – lediglich die Aufnahmetechnik muß geübt werden. Klar: die Leute heiraten nicht ein zweites Mal, wenn der erste Film verpatzt wird. »Aber das ist beim Stand der Video-Technik auch kein unlösbares Problem mehr«, weiß Josef Sattler.

Aufnahmetechnik üben

Neben der Auftragsproduktion für private Kunden übernimmt Sattler auch die Aufzeichnung von Verkaufsveranstaltungen. Außerdem wurde der Service-Bereich kontinuierlich ausgebaut. Dazu gehören zum Beispiel spezielle Verkaufshilfen für Vertreter:

Koffer, die mit einem Videogerät bestückt sind. Der Vertreter kann dem Kunden damit vor Ort die Vorzüge des Produkts per Video vorspielen. Die Produktion dieser Filme übernimmt ebenfalls Josef Sattler.

Neuer Bereich: Service

Außerdem übernimmt die Münchner Video-Firma auch Service-Aufgaben für Messeausrichter. Dazu gehören Monitor-Wände. Die Archivierung der Unzahl von Filmen oder Dias wird von einem Heimcomputer übernommen, der per Befehl jede Szene von der Diskette holt.

Daß eine eigene Werkstatt für Video-Recorder und -Cameras zur Firma gehört, ist naheliegend. Überhaupt ist Service die beste Werbung. Apropos Werbung: »Am Anfang«, so Josef Sattler, »ist die offensive Werbung natürlich das Wichtigste, dazu gehören neben der willkommenen Mundpropaganda vor allem die Kleinanzeigen in der Tagespresse und in den Anzeigenblättern. Ohne Werbung läuft nix.«

Offensive Werbung

Ein Gag darf freilich auch dabei sein: Josef Sattler hat zwei BMW-Isetta-Oldtimer mit seiner Firmenwerbung bepflastert und läßt sie durch München schaukeln. »Das zahlt sich aus, und sparsam sind sie auch noch.«

Mit Werbefilmen Geld gemacht

Die ersten Überlegungen zur Gründung einer eigenen Firma kamen den Brüdern Ulrich und Klaus Rathmann schon im Jahre 1977. Klaus war damals gerade 21 Jahre alt und in einer Firma beschäftigt, die unter anderem Projektionsfolien für Vorträge herstellte. Damals sagte sein Bruder Ulrich, vier Jahre älter: »Was deine Firma kann, können wir schon lange.«

Trockenes Auflockern

Daß man trockene Vorträge, die im Wesentlichen aus Fakten und Zahlen bestehen, auflockern kann, war vorher schon klar. Ulrich Rathmann wollte einen Schritt weiter gehen: »Ich wollte richtige Filme machen, die die Leute vom Hocker reißen.« Bruder Klaus war im Prinzip mit der Idee einverstanden. »Doch ohne Kunden war an ein eigenes Geschäft nicht zu denken. Und in unserem Alter hatten wir damals eben noch nicht viele Kontakte.«

Zu wenige Kontakte

An Know how mangelte es weniger, denn die beiden konnten recht gut mit dem damals neuen Medium Video umgehen. Mangels Auftraggeber wurde die Unternehmensgründung verschoben. Aber nicht aufgehoben.

Im Jahre 1979 wollten zwei Außendienstmitarbeiter bei Klaus Rathmanns Firma aussteigen. Sofort wurde die Werbefilm-Idee wieder aufgegriffen. Der ältere Bruder Ulrich überredete die beiden, sich am Projekt zu beteiligen, denn sie hatten unschätzbare Kontakte zu Firmen und Interessenten. Das Projekt lief an: Am 4. Juli 1979 wurde die Firma gegründet.

Idee wieder aufgreifen

Zu dem Know how kamen also die ersten Kontakte. Blieb die Mietung von Büro- und Arbeitsräumen und die Anschaffung der notwendigen Geräte. Das schlägt zunächst einmal stark zu Buche, ist aber unerläßlich, »denn nur mit einer optimalen Ausrüstung läßt sich optimal arbeiten«, wie die Rathmanns betonen.

In der Praxis sieht das so aus: Eine Firma beauftragt die Werbefilmer, ihr Produkt auf Video zu speichern, um dann später bei Verkaufsveranstaltungen oder Messen einen besseren Wirkungsgrad erzielen zu können. Dahinter verbirgt sich die Erkenntnis, daß sich statische, leblose Produkte, wie zum Beispiel Maschinen, bei der direkten Vorführung nicht selbst verändern können. Bei der Verfilmung per Video hingegen können alle technischen Tricks angewandt werden: Die Kamera kann um die Maschine herumfahren, in sie hineinblicken, Detailvergrößerungen vornehmen, die Vorteile herausstellen. Und zudem läßt sich das ganze noch mit einem prägnanten Kommentar und einem gekonnten Filmschnitt mundgerecht servieren. Dagegen hat niemand eine Chance, der das Produkt live präsentieren muß. Bei der optimalen Umsetzung sind die Rathmanns und ihre Geschäftspartner völlig frei. Nur das Thema wird vorgegeben. Neben der reinen Verfilmung übernimmt die Planoptiv auch die komplette Ausrichtung von Werbeveranstaltungen. Da sie ihre Filme auf jedes Video-System überspielen können, sind sie nicht von einem bestimmten Recorder-Typ am Veranstaltungsort abhängig.

Technische Tricks

**Startkapial
ist wichtig**

Daß die Firma mittlerweile schon mehr als fünf Jahre existiert, ist ein Beweis für die günstige Marktchance. Allerdings: technisches Know how muß da sein, ebenso Startkapital in erheblicher Höhe, denn neben U-matic-Camera samt Recorder ist ein Schneide-System notwendig, Monitore und Überspielgeräte, und vor allem viel Platz für ein Studio – und Studio-Mieten sind teuer.

Im Falle der Hamburger hat sich das Geschäftsrisiko gelohnt: Die Firma beschäftigt mittlerweile sieben Mitarbeiter.

Für eine Industriereportage sollte mit einem Assistenten gearbeitet werden, weil Kamera, Stativ, Recorder und Monitor zur Beleuchtungsanlage zu viel Aufwand für eine Person sind. Eine Standortbesichtigung vor den Aufnahmen lohnt immer. Unter Umständen muß wegen ungünstiger Lichtverhältnisse auch nachts gefilmt werden.

Aktion mit »No action«

Ein Großteil der Video-Kassetten-Anbieter wirbt mit dem Begriff»action«, was dem deutschen Käufer etwa soviel signalisieren soll, daß in dem jeweiligen Film viel passiert. Die Geschäfte der Branche gehen gut.

Neu hingegen ist, daß auch Kassetten angeboten werden, auf denen rein gar nichts passiert. Um so verblüffender, daß sie ebenfalls Umsätze verzeichnen. Die Filme der Marke »no-action-Video« zeigen beispielsweise Mühlen, die sich langsam im Wind drehen, geruhsam weidende Kühe oder auch Fische, die gemächlich durchs Aquarium paddeln.

Es passiert rein gar nichts

»Zunächst dachten auch wir, daß es sich dabei um einen Gag handelt«, erinnert sich Rolf Feier von der »no-action-Video«-Firma Garreis GmbH im badischen Offenburg. Die erste Begegnung mit den neuartigen Video-Kassetten fand, wie so oft bei neuen Medien, in den USA statt. Das war 1981. Da entdeckte Rolf Feier zufällig eine Kassette, die flackerndes Kaminfeuer zeigte. »Die Verkaufsidee war«, fährt Feier fort, »daß die beruhigenden, knisternden Flammen ihre Wirkung gerade bei Video-Enthusiasten nicht verfehlen würden. Der zweite Gedanke, den wir faßten, war, ob Gag oder nicht, das Konzept auch in Old Germany zu erproben.«

Flackerndes Feuer

Es hat sich gelohnt. Zum einen, weil sich schließlich auch gelungene Scherze gut verkaufen. Und zweitens, weil die Produktionskosten für die Beruhigungs-Kassetten denkbar gering waren. Als Betriebskapital war lediglich eine Video-Ausrüstung vonnöten. Die Kamera wurde auf ein Stativ geschraubt, eine handelsübliche Leerkassette eingelegt, das geplante

Panorama

Panorama anvisiert und der Auslöser betätigt. Nach einer gewissen vorher eingeplanten Drehzeit wurde der fertige »no-action-Film« einfach aus der Kamera genommen. Keine Gagen, keine Kosten für einen Produktionsstab.

Ein Minimum an know-how war freilich vonnöten. Abgesehen davon hätten sich Rolf Feier und seine Geschäftspartner nicht eigens für ihre »no-action-Produktion« eine komplette Video-Ausrüstung angeschafft.

Betrieblich gesprochen war die neue Idee eine Erweiterung des bestehenden Angebots. Denn die Firma Garreis, die 1979 von drei Jungunternehmern aus der Taufe gehoben wurde, beschäftigte sich schon

Auftragsproduktion

mit Auftragsproduktionen. Ihr tägliches Brot verdienten die drei Badenser mit Werbe-Videos, die sie im Auftrag von Firmen speziell für Messen und Ausstellungen produzierten. »Am Anfang«, erinnerte sich Rolf Feier, »hatten wir nur eine Kamera, einen Recorder und ein Schneidegerät.« Aber auch mit Wenigem läßt sich viel machen. Als die Aufträge sich

Ausrüstung auslasten

mehrten, wurde auch umfangreichere Ausrüstung angeschafft. Dieses Equipment mußte, damit es sich rentierte, auch optimal ausgelastet werden. Da kam so etwas wie die »no-action«-Idee gerade recht. Mit dem Vertrieb dieser Kassetten wiederum stieg der Bekanntheitsgrad der Firma. Alles ging Hand in Hand.

Zu den drei Gründungsmitgliedern sind mittlerweile weitere sieben Mitarbeiter hinzugekommen. Die fachlichen Vorbedingungen sind unterschiedlich. Rolf Feier beispielsweise war früher im Marketing-Bereich und in einer Werbeagentur beschäftigt. »Ideen sind oft wichtiger als ein Berg von Wissen.« Gute Arbeit ist langfristig gesehen allerdings ebenfalls unabdingbar. Daß sich Initiative und Einsatz lohnen, beweist sich auch am Beispiel der Firma Garreis: Seit Januar 1984 produziert sie in einem eigenen Studio in Worms sechsmal in der Woche Berichte für die Rheinland-pfälzische Landesschau.

Verschiedene Spezialisten

Initiative lohnt

Freilich: die Umsätze, die von den »no-action«-Kassetten erzielt werden, halten sich in Grenzen – die Filme werden für rund 50 Mark angeboten. Doch eignet sich die Herstellung eigener Software besonders gut zur betrieblichen Erweiterung eines bestehenden Programms – wie im Fall der Offenburger. Oder er wird nebenberuflich aufgezogen.

Wer eine Video-Einrichtung besitzt, Kamera und tragbarer Rekorder vorausgesetzt, für den sind die wichtigsten Investitionen vom Tisch.

Stark durch Spezialisierung

Zu den am häufigsten aufgezeichneten Fernsehsendungen gehören ohne Zweifel Sportberichterstat-
tungen; Fußball vor allem. Klar: ein schönes Spiel
kann man sich auch zweimal oder öfter ansehen. Und
Mitschnitte von der Olympiade haben einen Ehren-
platz in jeder privaten Videothek.

Eine Sendung
verpaßt

Doch was, wenn man eine Sendung verpaßt hat
oder wenn zur Sammlung noch die eine oder andere
Sequenz fehlt? Kein Problem – der Filmversand Gegner aus Pforzheim springt in die Bresche und hilft
Lücken schließen.

Handel
mit Sport

Wolfgang Jung, der zusammen mit Christina
Gegner den Handel mit Sport-Filmen betreibt: »Ich
bin Sportfan, und ich bin Videofan – was liegt näher als
beides zu einem lukrativen Geschäft zu verbinden?«
Die relativ junge Idee wurde 1983 in die Praxis umge-
setzt. Der Prospekt des Juge-Versandes liest sich wie
ein Konzentrat berühmter Sportberichte: Wer sich als
Formel-1-Fan gern die Weltmeisterschaftsläufe von
Monaco oder auch vom Nürburgring zulegen möchte,
wird ebenso prompt bedient wie der Surf-Freak, der
die Weltmeisterschaften im Brandungssurfen verpaßt
hat, sie aber nicht missen möchte.

Um klarzustellen: Wolfgang Jung und Christina
Gegner zeichnen nicht selbst auf, sondern beziehen

Andere
stellen her

ihre Software von anderen Hersteller-Firmen. Der
Versand macht den Umsatz. Eine Spezialisierung ist
hierbei jedoch durchaus angebracht. »Wir hatten

132

erkannt, daß Sportvideos gesucht wurden, aber im Vergleich zum Spielfilm-Angebot eine bescheidene Rolle im Handel spielten. Im Einzelhandel gehen Sport-Filme fast unter.«

Diese Lücke füllten die Pforzheimer, indem sie sich mit den Herstellerfirmen absprachen und alle gängigen und wichtigen Sportereignisse auf Video anforderten und anschließend überregional vertrieben. Die Werbung wird über alle führenden Video-Fachblätter und über Sportmagazine besorgt.

Überregional

Know how war nicht notwendig, eher eine gute Nase. Der Versandhandel kommt zudem ohne Büroräume aus. Die geschäftliche Abwicklung erfolgt in den Privaträumen. Der Erfolg gibt der Idee recht. Die Bestellungen reichen von speziellen Motorrad-Videos mit dem deutschen Weltmeister Toni Mang bis zur Olympiade von 1936 in Berlin. Je nach Länge und historischem Wert kosten die Kassetten zwischen rund 50 und rund 150 Mark. Das Starstück der Sammlung, laut Wolfgang Jung »der Renner«, ist die Aufzeichnung des WM-Endspiels 1954 von Bern mit dem Original-Ton. Kostenpunkt: 99 Mark.

Eine gute Nase

Sportreportagen sind neben Heimatreportagen am leichtesten mit den beweglichen Handkameras bei günstigen Lichtverhältnissen zu meistern. Drauflosfilmen hat keinen Sinn. Gute Fachkenntnisse in der entsprechenden Sportart sind unerläßlich.

Zweites Standbein

**Ein eigener
Betrieb?**

Nachdem der Stuttgarter Roland Noss seine Prüfung als Elektromeister abgelegt hatte, stand er vor
der Wahl, entweder in einen Betrieb einzusteigen und
seine 40-Stunden-Woche zu absolvieren oder gleich
einen eigenen Betrieb aufzumachen.

Er entschied sich für die letztere Lösung. Zunächst
jedoch auf seinem erlernten Gebiet. »Ich wollte mich
eigentlich auf Schaltanlagen spezialisieren und suchte
eine Werkstatt.« Er fand sie bald: in der Nachbar-
schaft von Sauerkraut-Feldern und Kuhmist im Stuttgarter Stadtteil Plieningen. In dem stark landwirt-
schaftlich geprägten Ortsteil am Rande der Stadt
waren noch Räumlichkeiten zu haben. Zu der Werk-

**Werkstatt
mit Laden**

statt, die ihm angeboten wurde, gehörte auch ein
kleiner Laden. »Den konnte ich aber für meine ur-
sprünglichen Zwecke nicht nutzen. So überlegte ich,
was ich aus dem überflüssigen Laden machen könnte.«
Zusammen mit seinem Freund Waldemar Müller ging
er die Ideen durch. Schuhladen? Nein. Bücher? Nein.
»Wir machten sämtliche Branchen durch, bis einer von
uns schließlich auf das Stichwort Videothek kam. Zu
diesem Zeitpunkt war das noch ein Fremdwort für
uns.«

**Zusatzgeschäft
schadet nicht**

Ausschlaggebend für die Idee, den Laden zu
nutzen, war die Tatsache, daß die Miete sich dadurch
nicht veränderte und, »daß ein Zusatzgeschäft auch
nicht schaden konnte«, wie sich Roland Noss erinnert.
An Video-bezogenem Know how besaßen weder

136

Noss noch Müller zum damaligen Zeitpunkt – im
Sommer 1983 – etwas. »Wir fingen ganz bei Null an **Bei Null**
und vergewaltigten das Branchen-Fernsprechbuch. **anfangen**
Wir riefen bei jedem an, der irgendetwas mit Video zu
tun hatte, um uns zu informieren. Wir hatten keinen
blassen Schimmer von dem Medium, wußten nicht,
daß es drei verschiedene Systeme gibt und hatten uns
noch nie mit den Tücken eines Rekorders befaßt.«

Vom Deutschen Video-Institut in Berlin erhielten
sie die Anschrift eines Videotheken-Einrichters in
Bruchsal, der den beiden einen Kostenvoranschlag für
die Ausstattung unterbreitete. Der versetzte den beiden »einen kleinen Schock«, wie Roland Noss erzählt.
So entschlossen sich die beiden zum Selbstausbau.
Orientiert hatten sie sich zuvor in zahlreichen Vide- **Alles selber**
otheken, bei denen sie feststellten, »daß es noch keine **ausbauen**
fachgerechte Einrichtung gab.«

Sie bauten die Schränke nach eigenen Plänen und
sorgten für die optimale Übersicht der Cassetten. Ein
gut durchdachter Plan sicherte ihnen zudem ein »pfle-
geleichtes« System zur Verwaltung und Abwicklung
der Verleihgeschäfte. Den Kontakt zu Großhändlern
und Video-Anbietern nahmen sie selbst auf.

Nach lediglich fünf Wochen Vorbereitungszeit
eröffnete die Videothek am 11. 11. 83. Die eigentliche
Geschäftsidee von Roland Noss, Schaltschränke zu

**Keiner will
Videotheken
versichern**

**Werbung in
Anzeigen-
blättern**

Kundenstamm

bauen, trat dabei fürs erste in den Hintergrund. Die Videothek nahm die beiden voll in Anspruch, denn plötzlich rannten ihnen Vertreter von Video-Anbietern die Tür ein. Auch ein Versicherungsvertreter erschien und machte den beiden eine Höllenangst mit den Worten:»Ich versichere lieber zehn Juwelier-Geschäfte, als eine Videothek.« Sie schickten den Agenten wieder nach Hause, nachdem er ihnen eine Versicherungsprämie in astronomischer Höhe vorgelegt hatte. Sie sorgten also selbst für die Sicherung des Ladens, indem sie Schutzfolien an den Fenstern anbrachten und eine Alarmanlage installierten.

Da die Einwohner des Stuttgarter Vororts eher an Melkmaschinen interessiert waren, als an Videocassetten, warben Noss und Müller in den Anzeigenblättern der Umgebung. Für das Entwerfen der Geschäftskarten und der Flugblätter beauftragten sie eine Werbeagentur, ansonsten liefen alle Werbekampagnen über Mundpropaganda und über Kleinanzeigen.

Mittlerweile haben sie einen ansehnlichen Kundenstamm. Roland Noss:»Es kommen viele Kunden von außerhalb, da wir uns auf ein gut gemischtes Programm mit hohem Niveau geeinigt haben. Das hat sich eben rumgesprochen.«

Neben dem Cassetten-Verleih betreiben die beiden auch den Verleih von drei Recordern und sind auch bei der Aufstellung der Geräte behilflich. Allen Interessenten rät Roland Noss:»Niemand sollte eine

138

Videothek eröffnen, ohne nicht noch ein festes Standbein zu haben, denn bis der Laden läuft, kann es schon eine Weile dauern. Man kann nicht in großem Stil anfangen, sondern das Geschäftsvolumen muß mit dem Kundenstamm wachsen. Das ist auf lange Sicht besser.«

Recorder-Verleih

Städteplanung mit Video

**Fehler
aufdecken**

Das Los aller Architekten in der Vergangenheit war, daß sie die endgültige optische Wirkung ihrer Bauvorhaben vorab nur an Modellen messen konnten. Diese, meist aus Sperrholz und Pappe gefertigt, gaben sich glatt und sauber, um bei der Vergabe von Aufträgen vorn mit dabei zu sein. Planungsfehler allerdings – und die gab und gibt es immer wieder – konnten von den verkleinerten Holz-Projekten in den seltensten Fällen abgelesen werden. Was fehlte, war eine Möglichkeit, die Wirkung architektonischer Vorhaben vorab aus der Sicht der zukünftigen Benutzer oder Bewohner zu testen.

Diese Lücke erkannten auch die Architekten Eberhard Schaaf und Gisela Uschkurat bei ihrer täglichen Arbeit. Sie lösten das Problem mit Hilfe der zu diesem Zeitpunkt – 1976 – noch jungen Video-Technik.

**Enormer
Nutzen**

Der Aufwand ist zwar gewaltig, doch der Nutzeffekt enorm: An eine Video-Kamera wird ein Endoskop angesetzt, eine Art optischer Schnorchel, wie er in der Medizin schon seit langem verwendet wird, zum Beispiel bei Magenspiegelungen. Das Okular des starren Endoskops befindet sich wenige Millimeter über der Modell-Oberfläche. Durch das Modell hindurchbewegt wird die Kamera per Elektromotor und über Führungsschienen, ein paar Millimeter pro Sekunde. Dabei sind Drehbewegungen in alle Richtungen möglich. Der Videofilm-Betrachter

gewinnt so den Eindruck, als ameisenhaft verkleiner-
ter Wanderer die Miniatur-Städte und -Straßen zu
durchstreifen. Eberhard Schaaf und seine Mitarbeiter erkannten
die Einsatzmöglichkeiten des neuen Mediums. Sie
gründeten bald nach den ersten Anfangserfolgen das **Studio-**
Studio für Modell-Filmsimulation in Hochdorf bei **Gründung**
Stuttgart, abgekürzt SFM. Charakterisieren könnte
man die tägliche Arbeit des SFM folgendermaßen:
Städteplaner bei Behörden oder Architekten, die ein
Bauvorhaben durchsetzen wollen – ob einzelne Gebäude, ganze Straßenzüge, Altstadtsanierungen oder
Dankmalpflege – benötigen eine lebensechte Demon- **Lebensechte**
stration ihrer Pläne. Und diese wird vom SFM reali- **Demonstration**
siert. Dabei übernehmen spezielle Modellbaufirmen
die Rohfertigung: die zu bauenden Gebäude werden
so realistisch wie möglich, meist im Maßstab 1:200,
konstruiert. Dabei wird oft mit Foto-Fassaden gearbeitet. Fotos fertiger Gebäude werden, maßstabsge-
treu verkleinert, auf die Sperrholz-Fassaden der Holzmodelle geklebt. Wenn dann die Video-Kamera mit
dem Endoskop an der Spitze durch das fertige Modell
wandert, dann ist die Wirkung fast immer verblüffend.
»Es gibt gestandene Architekten«, so Eberhard
Schaaf, »die ihre Modelle auf dem Video-Film nicht
mehr wiedererkennen. Gewohnt, nur Zeichnungen
zu lesen und die reale Wirkung ihrer Objekte von der **Die reale**
Betrachtung der Sperrholzmodelle aus der Vogelper- **Wirklichkeit**
spektive abzulesen, verkennen sie die Bedeutung der
Video-Endoskopie.

In der Tat: Die Endoskopie-Technik ist mehr als Spielerei. Die Gesamtwirkung eines Gebäudes in seiner Umgebung, die Gestaltung einer Fassade, die Konzeption einer Fußgängerzone, wirkt in der Lilliput-Optik so realistisch, daß eventuelle Planungsfehler gleich ins Auge fallen. Deshalb wurde auch die Vorführung von Modell-Filmsimulationen bei den Entscheidungsträgern von Städten und Gemeinden immer beliebter. »Anstatt sich zahlreiche verschiedene Holzmodelle anzuschauen«, erläutert Eberhard Schaaf, »müssen sich beispielsweise die Gemeinderatsmitglieder, die letztlich entscheiden, nur den fertigen Videofilm anschauen. Diese praxisnahe Demonstration verfehlte noch nie ihre Wirkung.«

Bei Gemeinden immer beliebter

Ein weiterer Vorteil: komplette Video-Demonstrationen lassen sich bequem verschicken – überregionale Bauvorhaben können auf diese Weise erst einmal per Video begutachtet werden, bevor eine endgültige Entscheidung ansteht. Das SFM hat schon mehrfach als Geburtshelfer fungiert: So zum Beispiel beim Neubau der historischen »Alten Oper« in Frankfurt, der Alstadtsanierung im Stuttgarter Bohnenviertel, bei Neubauten im Regierungsviertel in Bonn oder auch beim Durchspielen mehrerer Varianten einer Verkehrsberuhigung in Neu-Isenburg.

Videos sind gut zu verschicken

Grundvoraussetzung für die Arbeit des SFM war naturgemäß ein großer Raum. Dieses Problem war schnell gelöst: Die ehemalige Scheune des Hochdorfer

Schlosses, in dem die Firma untergebracht ist, bot ausreichend Platz. Die Ausrüstung, Kamera und Rekorder, sind Profi-Ware. Die gesamten Bewe- **Profi-** gungsabläufe der Kamera werden von einem Pult aus **Ausrüstung** gesteuert, das die SFM-Mitarbeiter selbst konstruiert haben.»Wir waren praktisch die ersten in der Bundesrepublik, die Architektur und Video-Endoskopie miteinander verknüpften«, sagt Eberhard Schaaf.»Früher gab es zwar auch eine Endoskopie, aber die arbeitete mit Foto-Kameras. Wir benutzten zum ersten Mal das neue Medium Video.«

Da beim Modell-Filmen durch das Endoskop – übrigens ein handelsübliches, für das lediglich passende Verbindungen zur Kamera notwendig sind – bis zu acht Blenden verloren gehen, muß die Ausleuchtung **Optimale** optimal sein. Dies kommt als Investition hinzu. **Ausleuchtung** »Manchmal brauchen wir kurzfristig 10 000 Watt«, erklärt Eberhard Schaaf. Das Know how kann man sich ohne weiteres selbst aneignen, denn das, was gefilmt wird, läuft über einen Monitor. Die Millimeterarbeit läßt sich in den Griff kriegen. Wichtig ist der Kontakt zu Modellbau-Firmen, der jedoch auch vom Auftraggeber hergestellt werden kann.

Das SFM hat die neue Methode so perfektioniert, daß es auf Bestellung sogar komplette Simulationsanlagen herstellt, obwohl damit die eigene Konkurrenz gestärkt wird. Aber Eberhard Schaaf sieht das nicht so tragisch: »Konkurrenz belebt ja bekanntlich das Geschäft.«

Mercedes setzt auf Video

Der neue kleine Mercedes 190 E rast mit seinem Sechzehn-Ventilmotor durch die Steilkurve der italienischen Reifen-Teststrecke von Nardo. Mit über 250 km/h legen die Fahrer Tag und Nacht Tausende von Kilometern zurück. Augenzeuge der 14 neuen Langstrecken-Weltrekorde ist das Video-Team der Firma DEWE aus dem schwäbischen Hildrizhausen.

Aufwendige Rekordfahrten

Wochenlange Vorarbeiten sind für derartige aufwendige Rekordfahrten auch im Presse- und Werbesektor unumgänglich. Denn Rekorde werden nicht für die technische Weiterentwicklung der Autos gefahren, sie sind ein geeignetes Mittel für eine weltweite Pressekampagne für den neuen ›kleinen‹ Mercedes.

Da muß alles klappen. Für die professionell arbeitenden Video-Spezialisten von DEWE bedeutet das eine Standortbesichtigung schon lange vor dem Einsatztag.

Kameras im Hubschrauber

Mobile Videokameras vom Typ BCN 20-KCA 110 werden in einen gecharterten Bell Jet Ranger-Hubschrauber montiert, denn nur dieser Turbo-Hubschrauber kann mit den Rekordwagen in der Geschwindigkeit mithalten.

Mit der stationären Bosch KCP 60 werden vorab technische Details aufgenommen, die später in den Aktions-Streifen integriert werden.

Die Mischung aus Wettbewerbs-Action und hochwertiger Technik am Wagen sowie eine abwechslungsreiche Schnittmontage lassen den 190er DEWE-Film zum Genuß werden.

Dieser Video-Film geht jetzt rund um die Welt zu allen Daimler-Niederlassungen und wirbt für das neue Auto. Unterschwellig meint nun wohl jeder Mercedes 190-Fahrer, daß sein Auto zu höheren sportlichen Aufgaben prädestiniert sei. Damit ist der Zweck erfüllt.

Video wirbt für Autos

Die Daimler Werbeleute haben sich längst für Video als Werbeträger entschieden. Nicht nur dort: Bei allen Entwicklungsstadien führt die Video-Kamera Buch.

Selbst bei Crash-Tests werden neben der normalen Hochgeschwindigkeits-Zeitrafferkamera mit 16 mm-Material auch Video-Aufzeichnungen gemacht. Bald soll eine Video-Spezialkamera mit 80 000 Bildsequenzen die bisherige 16 mm-Zeitrafferkamera ablösen. Der Grund ist ganz einfach: Das Ergebnis liegt sofort vor. Weshalb das Video-Studio DEWE mit Daimler-Aufträgen immer wieder gesegnet wird, ist an sich ganz einfach. Die Ausrüstung ist dort absolut professionell, und die Leute verstehen viel mehr als die meisten anderen Filmemacher von der Automobil-Technik. Ohne Sachkenntnis gerät ein Industriefilm sonst zum biederen Werbestreifen, und den mag keiner mehr konsumieren.

Crash-Test auf Video

Die Hildrizhausener Video-Macher liefern nicht nur die Auftragsarbeit ab, sondern entwickeln zusam-

145

men mit der angeschlossenen Werbeagentur eine komplette Werbekonzeption, die nahtlos mit der Prospekt- und Anzeigenwerbung harmonieren muß.

Angefangen hat DEWE mit einer kleinen Handkamera. Heute sind die DEWE-Studios ein Millionenobjekt mit ausgebuchtem Auftragsbuch für die nächsten zwei Jahre.

Die nur knapp 2 kg schwere JVC-Kamera ist mit dem eingebauten Recorder wie kaum eine andere Kamera für Aktion-Reportagen geeignet. Dafür sind ihre Möglichkeiten bei anspruchsvollen Industriereportagen begrenzt. Keine Videokamera kann alles!

Weiterbildung mit Video

Die Wehrheimer Video-Informations-Technik-Firma M.I.T. hat innerhalb eines Jahres die Mitarbeiter von 450 Volks- und Raiffeisenbanken zu begeisterten Videoschülern gemacht.

Das Videomit getaufte System ist ganz simpel. Bankkaufleute sollen an ihrem Arbeitsplatz mit einem Video-Dialog-System weitergeschult werden.

Bankbeamte sind begeisterte Schüler

Bisherige externe Schulungskurse waren arbeitsintensiv und teuer. Mit der Video-Schulung am Arbeitsplatz werden die Leerlaufzeiten gut genutzt. Bei kleineren Zweigstellen ist das die einzig vernünftige Lösung. Es muß auf keine Arbeitskraft verzichtet werden.

Über 30 000 Mal wurde das Lehrprogramm zwischen September 82 und 83 bei den Banken eingesetzt. 86 Prozent der befragten Banken fanden den Lehrstoff richtig dosiert. 75 Prozent der Anwender finden das Dialog-System deshalb so gut, weil sie allein für sich lernen können.

Jeder lernt für sich allein

Amortisiert hat sich das Lehrprogramm wohl bei allen Banken. Bei einer Kundenwerbeaktion wurden zum Beispiel 800 neue Kunden innerhalb von acht Wochen gewonnen, weil die Bankleute ganz gezielt auf den Kundenkreis der 18–27jährigen vorher geschult worden waren. 40 Prozent weniger Kundschaft wurde ohne Video-Schulung vermerkt, – sagen die befragten Bankinstitute.

40 Prozent mehr Kunden

Statistiken sollten immer mit Vorsicht behandelt

werden, aber wenn knausrige Bankdirektoren viel Geld für neue Videoprogramme investieren, muß am System was dran sein.

Für den Kaufhauskonzern Hertie entwickelte die gleiche Firma M.I.T. (Moderne Informations-Technik in Wehrheim) ein Video-Dialog-System mit über 100 Programmen. Die Mitarbeiter werden dabei in

Warenkunde und Verkaufsförderung

Warenkunde, Verkaufsförderung, neuen Produkten und mit Ausbildungsprogrammen für Berufsneulinge geschult.

Angefangen hat damit Karl-Heinz Wrasmann, der die Leitung der innerbetrieblichen Bildung im Hertie-Kaufhaus-Konzern in Frankfurt hat. »Zwei Jahre wurde an diesem Programm gearbeitet, heute stellen wir unsere Erfahrungen auch anderen Handelsunternehmen zur Verfügung. Weiterbildung ohne Video-Dialogsystem ist für uns nicht mehr vorstellbar.«

Beim Videomit-System wird ein Video-Film mit einem Micro-Computer kombiniert. Das funktioniert so: Der ›Lehrling‹ kann sich in aller Ruhe den neuen Rasenmäher der Firma X über den Bildschirm vorfüh-

Technische Detailfragen

ren lassen. Dann hat er technische Detailfragen über den Motor. Ist es ein knatternder Zweitakt-Einzylinder oder ein sanft laufender Viertakter mit Gebläsekühlung oder ohne?

Jetzt antwortet der angeschlossene Computer mittels Dialog, deshalb auch Dialog-System.

Der Computer ›spricht‹ also mit dem Lehrling und

stellt ihm Fragen über das vorherige Lehrprogramm.
Jetzt muß der Schüler richtig antworten. Macht er das
nicht, korrigiert ihn der Computer mit einem Gleich-
mut, den Lehrer selten aufbringen können.

Das ganze Lehrprogramm ist in einer einzigen **Alles in**
Videokassette zusammengefaßt. Also Film, Compu- **einer Cassette**
tertext und Steuerprogramm!

Das Lernen im Dialog mit dem Computer kann
nicht billig sein. 12 000 Mark kostet der Video-Rekor-
der mit großem Fernsehmonitor und dem Videomit-
2000-Computer.

Das Teure sind die Produktionskosten für die
kombinierte Film-, Computertext- und die Steuerkas-
sette. Sie belaufen sich auf 40 000 bis 50 000 Mark.

Für Hertie hat sich das System dennoch bezahlt
gemacht. 1980 konnten ohne Video-Einsatz von
30 000 Mitarbeitern lediglich 4500 jährlich geschult **96 Prozent**
werden. Im letzten Jahr wurden 96 Prozent geschult. **geschult**

M.I.T. hat über 300 Schulungsprogramme im
Archiv. Mehr als 2000 Anlagen wurden bis Mitte 84
installiert. Die Firma liefert alles aus einer Hand:
Konzeption, Systemeinführung, Systempflege, Hard-
ware und Programme. M.I.T. vermittelt auch als
Agentur zwischen dem Auftraggeber und dem Pro-
gramm-Autor. In eigenen Studios werden Video-
Filme gedreht, geschnitten und vertont.

149

Hauseigene Video-Kamerateams sind in der Großindustrie heute selbstverständlich. Bei der Weiterbildung lassen sich Kosten damit einsparen und der Lerneffekt ist viel größer als mit Werkstatthandbüchern.

Das BMW-System:
Bildschirm-Werkstatt

Bei den Bayerischen Motorenwerken arbeitet man seit zwei Jahren mit M.I.T. zusammen. Hier wurde das ganze Schulungsprogramm radikal auf das Video-Dialogsystem umgestellt.

Immerhin ist für neun von zehn Kunden die Qualität des Kundendienstes ausschlaggebender Faktor für die Wahl des Fabrikats, sagt BMW.

Eine gezielte Förderung der Fachwerkstätten tat Not durch die rasante technische Weiterentwicklung im Automobilbau. Bei durchschnittlich nur 2,5 Schulungstagen, die ein Mechaniker jedes Jahr absolvieren mußte, konnten Wissenslücken nicht ausbleiben. **Rasante Entwicklung**

Er sollte über Turbomotoren, Leerlaufabschaltung, elektronische Einspritzanlagen genauso Bescheid wissen wie über die LCD Displays, serielles Datensystem und Sicherheitssysteme wie den Airbag. Da mußten herkömmliche Lernmethoden versagen.

Deshalb wurde das SIP-Service-Informations-Programm eingeführt. Heute ist damit jede BMW-Fachwerkstätte ausgerüstet. Wie bei den Banken oder bei Hertie wird mittels Video-Programmkassette der Dialog mit dem Computer geführt. **Dialog mit dem Computer**

Der Film zeigt die neue Einspritzpumpe und fragt den Mechaniker nach der Wirkungsweise der Förderpumpe. Antwortet er richtig, geht das Frage-Antwort-Spiel weiter. Bei Nichtwissen wird die Funktionszeichnung noch einmal gezeigt und die Förderpumpe erklärt.

Die ganze Schulung am Arbeitsort wird durch

einen sogenannten Informations-Beauftragten koordiniert, der wiederum eine spezielle Schulung im Werk erhalten hat.

Ständig erneuern

BMW hat mit seinem Video-Dialog-System Erfolg. Das Programm wird ständig erneuert und ausgebaut, denn Schulung zahlt sich immer aus. Ein Bad Homburger BMW-Händler meint:»Wenn akute Probleme in der Werkstatt anstehen, schauen wir uns lieber eine Kassette an, als in den Handbüchern zu blättern. Die Arbeit ist effektiver und die Qualität der Arbeit besser.« Manchmal geht studieren eben doch über probieren.

Wir sind diesen Video-Dialog-Systemen nachgegangen, weil sie in einfacher Form von jedem Amateur-Videofilmer als Marktlücke genutzt werden können.

In Amerika gibt es Hunderte von Video-Kassetten zu kaufen, die sich zum Beispiel mit der Aufzucht von Tieren beschäftigt.

Tierzucht

Ein Film über das Melken von Ziegen ist ein Verkaufsschlager, obwohl die Investitionen keine hundert Mark betragen. Wer mistet schon rationell den Stall aus – fragt eine Video-Kassette, und demonstriert es. Selbst das Abstauben von Regalen wird auf Kassetten gezeigt.

Immer sind es die Spezialisten, die ihr Geld bei der Video-Software machen werden.

152

Ausbildung zum Profifilmer

Die Deutsche Film- und Fernsehakademie
(DFFB) lehrt auf unkonventionelle Art das Filmema-
cher-Handwerk.

Das Ausbildungsprogramm:

Die Akademie hat sich das Ausbildungsziel gesetzt, zukünftigen Filmemachern, die selbständig und
unabhängig arbeiten wollen, eine theoretische und
praktische Basis für ihre spätere professionelle Tätigkeit zu vermitteln. Die DFFB ist keine Fachschule,
sondern eine Ausbildungs- und Produktionsstätte, die
ihren Studenten die Chance bietet, in weitreichender
Unabhängigkeit zu lernen und zu produzieren.

Die DFFB ist unabhängig von wirtschaftlichen
Interessen und Einflüssen. Sie wird vom Bund und
vom Land Berlin finanziert. Die während der Ausbildung entstehenden Produktionen werden nicht im
Hinblick auf ihre Verkäuflichkeit, sondern auf den
damit verbundenen Lernprozeß konzipiert.

**Auf Lernprozeß
konzipiert**

Die Akademie ist nicht in Fachrichtungen unter-
teilt, sondern bietet eine einheitliche Ausbildung an.
Das bedeutet, daß jeder Student sich die technischen
Grundkenntnisse (Kamera, Ton, Montage, Trick,
Elektronik), die für die selbständige Realisierung eines
Films oder einer Fernsehsendung notwendig sind,
aneignen soll. Darüber hinaus bleibt es jedem Studie-

Kenntnisse
vertiefen

renden überlassen, die Basiskenntnisse in einzelnen Bereichen zu vertiefen.

Die praktische Ausbildung erfolgt in Zusammenarbeit mit Regisseuren, Kameraleuten, Cuttern und Tonmeistern. Nach Einführungskursen in die Gebiete Kamera, Tonaufnahme, Montage, Trick, elektronische Bildaufzeichnung kann jeder Student im ersten Studienjahr selbständig ein Filmprojekt realisieren. Im zweiten Studienjahr wird nach Teilnahme an Fortgeschrittenenkursen ein weiteres Projekt von den Studenten realisiert. Das dritte Studienjahr ist vor allem der Vorbereitung und Produktion eines größeren Abschlußfilms vorbehalten.

Die theoretische Arbeit wird in Seminaren geleistet. Die späteren Berufsanforderungen und die Probleme, die sich aus der Arbeit an den Ausbildungsproduktionen ergeben, sind bestimmend für die Seminararbeit. Diese soll zweierlei erreichen: Die Studenten

Alle nötige
Informationen

sollen während ihres Sutdiums alle nötigen Informationen zu den Themen Filmrecht, Filmwirtschaft, Stand der Film- und Fernsehtechnik, Organisation und Arbeitsweise der Fernsehanstalten erhalten. Darüber hinaus sollen sie in Seminaren über Geschichte, Ästhetik, Didaktik und Analyse von Film- und Fernsehsen-

Methodisches
Arbeiten

dungen Anregungen zum selbständigen, methodischen Arbeiten erhalten und lernen, Funktion und Wirkung ihrer Arbeit zu erkennen und sie im gesellschaftlichen Zusammenhang zu sehen.

154

Die Akademie fördert die Arbeit in Gruppen. Darunter versteht sie nicht die ohnehin produktionsnotwendige Teamarbeit und die gegenseitige Hilfe, sondern die Planung und Herstellung von Filmen in kollektiven Arbeitsprozessen. Die Art der Ausbildung an der DFFB, die nicht Spezialisten heranzubilden versucht, sondern ihren Studenten Erkenntnisse und Fähigkeiten in allen Bereichen der Film- und Fernsehproduktion vermittelt, begünstigt diese Entwicklung.

Keine Spezialisten

Die Ausbildung im ersten und zweiten Studienjahr ist in jeweils drei Phasen unterteilt. Im Herbstsemester (September bis Dezember) liegt der Akzent auf der Einführung in die praktische Filmarbeit. Im Winter- und Frühjahrssemester finden zunächst (bis März/April) die theoretischen Seminare statt und im Anschluß daran (ab April) beginnen die Filmproduktionen. Die gesamte Ausbildung dauert zur Zeit sechs Semester. Die DFFB verfügt inzwischen über alle technischen Einrichtungen (Bild- und Tonaufnahmegeräte, elektronische Bildaufzeichnung und -bearbeitung, Aufnahmeatelier, Schneideräume, Trickstudio, Tonstudio, Fotolabor und Vorführräume), die für eine Produktion unter professionellen Bedingungen erforderlich sind.

Sechs Semester

Die DFFB hat ein eigenes Modell der Selbstverwaltung entwickelt, die von Dozenten, Studenten und

**Selbst-
verwaltung**

Direktion drittelparitätisch verwaltet wird. Der Rat der Akademie, das Organ der Selbstverwaltung, entscheidet über alle Fragen der theoretischen und praktischen Ausbildung, gibt die Akademieproduktionen zur öffentlichen Vorführung frei, schlägt Dozenten zur Berufung vor und hat ein Mitspracherecht bei der Ausstellung des jährlichen Wirtschaftsplans.

Wirtschaftliche Förderung der Studenten

**Finanzielle
Unterstützung**

Die Studenten der DFFB haben den gleichen Anspruch auf wirtschaftliche Förderung wie die Studenten der Berliner künstlerischen Hochschulen. Diese Förderung richtet sich in allen wesentlichen Bestimmungen nach dem Bundesausbildungsförderungsgesetz. Darüber hinaus gewähren die Rundfunkanstalten (ARD und ZDF) eine finanzielle Unterstützung, die es erlaubt, den Studenten im zweiten und dritten Jahr unabhängig von ihrer jeweiligen finanziellen Situation eine Unterhaltsbeihilfe zu zahlen, die gegenwärtig ca. 450 DM beträgt.

Aufnahmebedingungen

Die DFFB hat seit Beginn ihrer Arbeit das Abschlußzeugnis einer höheren Schule (Abitur) nicht zur Bedingung des Eintritts in die Akademie gemacht. Aufgrund der heutigen Erfahrungen wird eine Praxis in fachlich nahestehenden Arbeitsbereichen, wie Film, Fernsehen, Theater, Journalismus, ebenso in der Industrie oder im Handwerk, nicht geringer als eine abgeschlossene Hochschulausbildung gewertet. Es wird ausdrücklich versucht, Bewerber, die ihre praktischen und gesellschaftlichen Erfahrungen als **Praktische** Arbeiter oder Angestellte gemacht haben, zu errei- **Erfahrung** chen und ihnen ihren Fähigkeiten oder Absichten **zählt** entsprechend einen Platz an der Akademie zu sichern.

Wer sich an der Akademie bewirbt, soll das 21. Lebensjahr vollendet haben. In der Regel werden jedoch Bewerber bevorzugt, die bereits etwas älter sind und eine entsprechende Berufs- oder Studienpraxis besitzen.

Voraussetzung für die Zulassung zum Studium an der DFFB ist das Bestehen einer Aufnahmeprüfung, die jeweils im Mai in Berlin stattfindet. Zur Aufnah- **Prüfung für** meprüfung werden Bewerber eingeladen, die auf- **Qualifizierte** grund der Unterlagen, die sie zur Vorauswahl einge- reicht haben, als besonders qualifiziert erscheinen.

Zur Vorauswahl

Ab Mitte November versendet die Akademie die Aufgaben für die Vorauswahl. Dabei werden von jedem Bewerber drei eigenständige Arbeiten ver- langt, für die er bis Anfang Februar Zeit hat. Die drei Aufgaben für die Vorauswahl sind:

157

1. Eigene Gedanken zu einem Kinofilm oder einer Fernsehsendung aus jüngerer Zeit.

2. Recherche zu einem von der Akademie gestellten Thema und Ausarbeitung der Ergebnisse zu einem Filmentwurf (Dialog, Reportage, Drehbuchszene(n), Kurzgeschichte, Brief etc. Die Form der Arbeit ist – wie die Methode der Recherche – freigestellt.). Themen der letzten Jahre waren: Berufsausbildung/Wohnen/Arbeitslosigkeit/Zukunft.

3. Herstellung einer Fotogeschichte zum Thema 2.

Weiterhin werden ein tabellarischer Lebenslauf und ein Text zu den Bewerbungsmotiven erwartet. Die Unterlagen werden von einer Kommission begutachtet, die aus drei Vertretern der Direktion, drei Dozenten und drei Studenten der DFFB besteht. Von ca. 250 bis 300 Bewerbern werden rund 40 Bewerber zur Aufnahmeprüfung eingeladen.

40 von 300 Bewerbern

Zur Aufnahmeprüfung

Die Prüfung besteht aus sechs Teilen:

1. Verfassen einer kleinen Filmkritik, direkt nach der Vorführung eines Films

Filmkritik

2. Ausarbeitung einer kurzen Theaterszene (Hausarbeit vor Beginn der Prüfung)

3. Übung mit Schauspielern zur Einstudierung der kleinen Theaterszene (eine halbe Stunde im DFFB-Studio)

158

4. Recherche zu einem lokalen Thema, z. B. Betreuung ausländischer Studenten in West-Berlin

5. Herstellung eines kurzen Super-8-Films zum Thema der Recherche. **Eigener kurzer Film**

6. Gespräche mit Mitgliedern der Prüfungskommission.

Das Studienjahr beginnt jeweils am 1. September, die Unterrichtszeit Mitte September. Die Akademie verfügt über 56 Ausbildungsplätze, d. h., sie kann jedes Jahr 18–19 neue Studenten aufnehmen. Für ausländische Bewerber gelten die gleichen Voraussetzungen wie für deutsche Bewerber. Ein sinnvolles Studium an der DFFB ist für Ausländer aber nur möglich, wenn sie ausreichende Kenntnisse der deutschen Sprache besitzen.

Immobilien-, Yacht-
oder Flugzeug-Mak-
ler arbeiten in Ame-
rika mit dem Perso-
nalcomputer und ei-
nem Video-Demon-
strationsfilm. Diese
einstige Onassis-
Yacht wurde so für
17 Millionen Dollar
verkauft. Auch bei
Schadensregulie-
rungen sind Video-
aufnahmen optimale
Beweise.

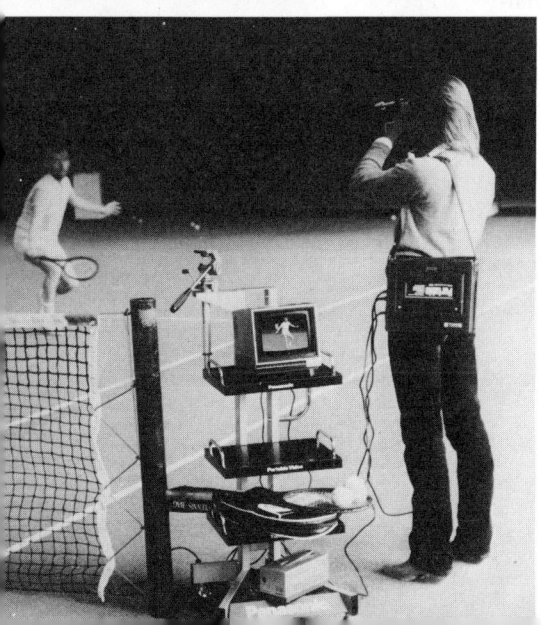

Tennisschulen kommen ohne Vi-
deo-Schulungskontrolle kaum
mehr aus. In Amerika gehört das
eigene Video-Band zum Pau-
schalangebot dieser Schulen. Ein
interessantes Zubehör von Hama:
Anschluß von systemfremden Recordern an Video-Kameras
(oben)

161

Blühen bei uns noch im verborgenen, aber in England und Amerika sind es Kassenschlager: Bastelclub-Videofilme von Oldtimerlokomotiven und Miniaturbahnen. Bei uns wird bislang nur der Massensport von Video-Produktionen bedient. Viel interessanter sind die Randgruppen der echten Fans, die auch den letzten Pfennig für ihr Hobby ausgeben. Hier sind allerdings fundierte Fachkenntnisse der Materie nötig – und ein gutes Vertriebssystem.

Gehört die Zukunft:
Integrierter Recor-
der in der Handka-
mera. Die ITT liegt
besonders gut in der
Hand.

Professionelle ame-
rikanische TV-Vi-
deo-Kamera. Der
Aufmarsch der ein-
hundert Jahre alten
Dampfrösser freut
jeden Kamera-
mann. Fernsehan-
stalten bauen der-
zeit ihren freien
Mitarbeiterstab
stark aus.

Absprung: Jetzt mache ich mich selbständig

Neue kleine und mittlere Unternehmen schaffen nicht nur Arbeitsplätze, sie sind eine Fundgrube neuer Ideen und Märkte. Zum Glück hat das Bonn noch rechtzeitig erkannt und fördert das Engagement zur Selbständigkeit.

Klein, aber mein – Handelskammern melden Rekorde

Immerhin gingen zwischen 1960 und 1980 die Selbständigen um 27 Prozent zurück. Heute hat sich die Situation grundlegend geändert. Die Industrie- und Handelskammern vermelden Rekordanmeldungen bei Firmen-Neugründungen.

Gegen den Strom schwimmen

Tatsächlich machten sich Firmen-Neuanfänge immer dann am raschesten bezahlt, wenn es älteren Unternehmen schlecht ging. Die besten Gewinne werden heute erzielt, wenn andere Angst vor dem Risiko haben.

Alle Subventionsmöglichkeiten nutzen

Der Bund, die Länder und auch die Banken fördern den Start zur Selbständigkeit. Allerdings müssen die kaufmännischen Regularien eingehalten werden, sonst erleidet die neue Firma Schiffbruch.

Die Universität Köln ging Firmenzusammenbrüchen in einer wissenschaftlichen Studie nach. Dabei wurden bei kleinen und mittleren Unternehmen fast immer die gleichen Unfallsyndrome festgestellt:
- zu geringe kaufmännische Kenntnisse
- zu geringes Eigenkapital

- Finanzierungsschwächen
- fehlerhafte Buchführung
- mangelnder geschäftlicher Durchblick
- ungenaue Kalkulation
- unzureichende Planung
- zu üppige Geldentnahme des Jungunternehmers

- zu hohe Verwaltungskosten
- ungeeignete Mitarbeiter
- veraltete technische Ausrüstung
- Finanzierung langfristiger Verbindlichkeiten mit kurzfristigen Krediten
- Fehleinschätzung der Marktentwicklung
- mangelnde Anpassung bei negativen Konjunktureinflüssen
- fehlender Überblick und
- Organisationsfehler bei raschem Wachstum des jungen Unternehmens

Deshalb scheitern viele Selbständige

Aus Selbstüberschätzung in der ersten Phase des Gründungseifers verzichten neun von zehn Jungunternehmern beim Aufbau des Geschäfts auf den Rat von Steuerberatern, Juristen und Branchenkennern. Weil sie nicht ausreichend informiert sind, nutzen dreiviertel aller Neulinge die Förderungsmittel nicht, die jedem öffentlich zur Verfügung stehen!

Fachlicher Rat ist oft umsonst

Deshalb stellen wir in diesem Buch die Förderungsprogramme von Bund und Ländern besonders heraus. Schließlich bekommt man dort preiswertere Kredite als sonstwo zur Verfügung gestellt.

165

Wie kommt man
an öffentliche Gelder?

**Ohne
Eigenkapital
geht's nicht**

**Sich vom
Unnützen
trennen bringt
Geld in
die Kasse**

**Eigenleistung
macht sich
immer bezahlt**

Ganz klar: Ohne Sicherheiten gibt Ihnen niemand Geld. Weder der Staat noch die Bank. Deshalb muß neben der eigenen Geschäftsidee auch das Eigenkapital passen.

Das Eigenkapital ist die Basis der Existenzgründung. Unter zwanzig Prozent Eigenkapital wird keine Bank das neue Geschäft mit einem Kredit unterstützen. Die Bundesbank rechnet sogar mit dreißig Prozent Eigenkapitalbeteiligung bei größeren Krediten.

Das persönliche Engagement – sprich Eigenkapital – wird bei der Vergabe von öffentlichen Geldern an erste Stelle der Prüfung gesetzt. Gute Geschäftsideen haben viele, aber den Mut zum Risiko wenige. Der persönliche Kassensturz ist also unumgänglich.

Wieviel Bares steht zur Verfügung? Habe ich Wertpapiere und Wertgegenstände, die sich zu Geld machen lassen? Welche Werte lassen sich beleihen? Versicherungen, Schmuck, Kunstgegenstände, Antiquitäten und natürlich Immobilien?

Wieviel Geld kann ich von Freunden und Verwandten zinsgünstig bekommen?

Welche Sachwerte wie Auto, Maschinen und Werkzeuge kann ich in das Geschäft einbringen?

Wieviel Eigenleistung traue ich mir bei der Ausstattung der Betriebsräume zu?

Alles zusammengezählt, ergibt die Kreditsumme, die man zur Existenzgründung braucht. Reicht das Eigenkapital auf keinen Fall, kann ein Partner oder stiller Teilhaber den Gang zur Bank erleichtern.

Grundsätzlich sollte jede Art von Finanzierung durch Freunde, Teilhaber und Angehörige mit persönlichen Darlehensverträgen über die Höhe und Laufzeit der Kredite schriftlich fixiert werden. Sonst gibt's gerade unter den besten Freunden Mord und Totschlag.

Schulden machen will gelernt sein

Der erste Kredit ist der schwierigste. Hat die Hausbank gute Erfahrungen bei der Finanzierung eines neuen Motorrads oder gar einer Immobilie gemacht, steht einem neuen Kredit für die Existenzgründung wenig entgegen. Dennoch will der Umgang mit Bankbeamten der Kreditabteilung gelernt sein.

Ein Punker wird seine Schwierigkeiten genau so bekommen, wie ein übermäßig distinguiert gekleideter 21jähriger, der mit dem dicken Straßenkreuzer von der Autovermietung vorfährt.

Banken sehen Verheiratete lieber als Alleinstehende, weil man bei der Vertragsunterzeichnung zwei unterschreiben lassen kann. Das gibt doppelte Sicherheit bei der Rückzahlung von Krediten.

Verheiratete haben's leichter beim Schuldenmachen

Selbstverständlich bekommt ein junger Handwerksmeister leichter einen Kredit als ein Video-Freak, obwohl hier bessere Verdienstchancen bestehen können. Das Bankenwesen mag ›normale‹ Bürger eben mehr, als vor Ideen sprühende Jungunternehmer mit schwachem Eigenkapital.

Keine Angst vor der eigenen Courage

Bankbeamte lassen sich allerdings gern vom Gegenteil überzeugen, weil Kredite Geld bringen. Dafür gibt es erprobte Mittel. Wer sich Bankanteile (Geschäftsanteile) einer Raiffeisenbank z. B. kauft, wird bei der Kreditvergabe weit besser bedient, als ein Kunde mit dem kleinen Sparbuch.

Sparbuchkunden werden von vielen Bankangestellten zwar gern gesehen, weil sie sicheres Geld zu minimalen Zinsen einbringen, aber als Kreditkunde für ein neues Geschäft wird diese Kundschaft wenig ernst genommen. »Sparbuch-Kundschaft«, erzählte uns ein Kreditexperte freimütig, »ist dumm, weil sie den miserabelsten Zinssatz akzeptiert.«

Der Kontoführer wird dem Kreditsachbearbeiter eine persönliche Expertise über die bisherigen Geschäftsgepflogenheiten abgeben. Wer nie sein Konto kurzfristig überzieht, wer keine Auf- und Abbewegungen im Girokontostand hat, ist für ein Kreditgeschäft kaum geschaffen. Die Bank will sehen, wie der Kunde mit kurzfristigen Finanzierungsproblemen fertig wird. Deshalb ist der persönliche Kontakt zum Kontoführer oft noch wichtiger, als das Gespräch mit dem Kreditsachbearbeiter.

Finden Sie den Kontakt zum Mitarbeiter Ihrer Bank

Nach unseren Erfahrungen bekommt man viel leichter einen hohen Kredit als einen Kleinkredit.

Kleine Banken helfen oft unbürokratischer

Ganz subjektiv möchten wir die kleineren Volks-, Raiffeisen- und privaten Banken für das entscheidende Kreditgespräch mehr empfehlen als die großen überregionalen Banken.

168

Ein paar Beispiele für diese Behauptung:
Mein Freund bekam nach wochenlangen Bittgängen erst bei einer kleinen Raiffeisenbank seinen Existenzgründungskreditfürein Elektronic-Fachgeschäft, obwohl er zehn Jahre lang über 100 000 Mark auf einem Sparbuch der Landesgirokasse angesammelt hatte. An vorangegangene Zahlungsschwierigkeiten, die schon Jahre zurückliegen, wird man von einer großen Bank immer wieder erinnert werden, wenn es um einen neuen Kredit geht. Eine kleine Bank wird sich mehr auf die letzten zwei Jahre der Kontenführung konzentrieren. Bei einer kleinen Bank ist man einfach besser aufgehoben, weil die Strecke zwischen dem Bankschalter bis zum Bankdirektor kürzer ist als bei den großen überregionalen Banken.

Alte Sünden werden nicht vergessen

Hohe Schulden machen Eindruck –

gestand uns ein Kreditsachbearbeiter. Auch beim kleinsten Einmann-Unternehmen sollte die Latte der Kreditzusage möglichst hoch gelegt werden. Man braucht Spielraum für die Geschäfte, muß mit Vorauszahlungen fürs Finanzamt rechnen, alles Probleme, die mit zu kleinem Kreditrahmen das gut gestartete Unternehmen in den Ruin stürzen können. Deshalb um die maximale Kreditsumme bei der Bank feilschen. Wer sich mit weniger zufriedengibt, verliert schon an Kreditwürdigkeit bei der Bank. So paradox verläuft das Kreditgeschäft.

Der Kredit muß passend sein

169

Spielregeln:

Frühzeitig über die Kreditkonditionen verhandeln. Keinen Zeitdruck aufkommen lassen, die Bank verdient an Ihnen!
Direktes Gespräch mit dem Kontoführer schon lange vor dem Kreditwunsch führen. Alle Sonderprogramme vorher erklären lassen. Langfristige Kredite sind meist zinsgünstiger als kurze Dispositionskredite.

Reden Sie offen über ihre Probleme, dann werden Sie umfassender beraten

Optimal ausgearbeitetes Unternehmenskonzept und Rentabilitätsvorschau vorlegen. Der Gesprächspartner muß von dieser Existenzgründung überzeugt sein, dann ist die Höhe des Kredits fast nebensächlich.
Die Laufzeit des Kredits sollte der Nutzungsdauer der Wirtschaftsgüter entsprechen (Amortisationszeit).
Limit für den Kontokorrent-Kredit festlegen. Bis zu diesem Limit kann das Konto jederzeit überzogen werden.
Die Höhe des Kreditrahmens sollte ein bis zwei Monatsumsätze betragen. Dann können Skonti ausgenutzt werden. Der Kontokorrent-Kredit ist günstig, weil die Sollzinsen nur auf das jeweilige Konto-Minus berechnet werden.

Die staatlichen Finanzierungshilfen

Grundsätzlich müssen alle staatlichen Finanzierungshilfen über die Haus- oder Kreditbank beantragt werden. Dazu haben die Banken ›Sonderkredit-Abteilungen‹. Ein Rechtsanspruch besteht nicht auf staatliche Finanzierungshilfen. Damit die Bank den Sonderkredit-Antrag befürwortet, müssen gewisse Voraussetzungen erfüllt werden.

Sinn der staatlichen Finanzierungshilfen ist die **Über die** *Gründung* einer ›vollwertigen tragfähigen Vollexi- **Hausbank** stenz‹ – wie es im Beamtendeutsch genannt wird. **erhalten Sie**

So werden keine Nachfinanzierungen und Um- **staatliche Hilfe** schuldungen durch staatliche Finanzierungsprogramme finanziert. Wer also Ware oder Ausrüstung vor Abschluß des Finanzierungsantrags bestellt, bekommt dafür keine staatliche Finanzierungshilfe ausbezahlt!

Deshalb kein Gewerbe oder keine Warenbestellung vor dem entscheidenden Bankgespräch anmelden oder bestellen.

Die Bank will Unterlagen einsehen

Bringen Sie als Unterlagen mit: Kurze Projektdarstellung, Rentabilitätsvorschau, präzise Aufstel- **Übereilen** lung der geplanten Investitionen, Gesellschaftsver- **Sie nichts bei** trag, Lebenslauf, Qualifikationsnachweis durch Kurz- **der Kreditsuche** gutachten der Kammer.

Auf keinen Fall sollten irgendwelche Vorverträge mit anderen Geschäftspartnern und Banken abgeschlossen werden, weil sich die Gewährung öffentlicher Finanzierungshilfen nach den Prozentsätzen der gesamten Investitionen richtet.

171

Schließt man einen privaten Kreditvertrag schon vorher ab, ist man auf diese Summe blockiert. Unter Umständen würden die staatlichen Finanzierungshilfen einen viel größeren Kreditrahmen zulassen!

Staatliche Starthilfen
Die Eigenkapitalhilfe

Wieviel Geld gibt der Staat?

Wenn das Eigenkapital wenigstens 12 Prozent beträgt, steuert die Eigenkapitalshilfe zusätzliches Investitionsgeld bei. Im Höchstfall sind es zusammen 40 Prozent. Die gesamte Investitionssumme muß mindestens 40 000 Mark betragen.

Verwendungszweck: Investitionen für eine freiberufliche Existenz oder ein gewerbliches Unternehmen. Investitionen für eine Betriebsübernahme oder tätige Beteiligung.

Voraussetzungen: Eigenkapitalhilfe wird nur gewährt, wenn ohne diese Förderung eine erfolgversprechende Existenzgründung wesentlich erschwert würde. Das Vorhaben muß eine nachhaltige tragfähige Vollexistenz erwarten lassen.

Konditionen: Höchstbetrag 300 000 DM, 350 000 DM in Berlin und Zonenrandgebiet. Laufzeit 30 Jahre. Davon 10 Jahre tilgungsfrei, zwei zinslose Jahre, 2% Zinsen im dritten Jahr, 3% im vierten, 5% im fünften, danach marktüblicher Zinssatz.

Darlehen zur Förderung von Existenzgründungen

Aus Mitteln des ERP-Sondervermögens können Nachwuchskräfte der gewerblichen Wirtschaft im Alter von 21–50 Jahren zinsgünstige Darlehen erhalten.

Investitionen zur Errichtung und zum Erwerb von Betrieben, einschließlich der Folgeinvestitionen innerhalb von drei Jahren nach Betriebseröffnung. Tätige Beteiligungen. Beschaffung des ersten Warenlagers oder der ersten Büroausstattung.

Der Bankbeamte kann teure und billige Kredite empfehlen

Konditionen: Höchstbetrag 300 000 Mark. Auszahlung 100%. Zinssätze zur Zeit 7% (Berlin 5% und Zonenrandgebiet 6%). Laufzeit bis 10 Jahre für Maschinen, Einrichtungen und Beteiligungen. Bis 15 Jahre für Bauinvestitionen, 2 Jahre tilgungsfrei.

Berlin lockt Selbständige mit preiswerten Krediten

Ergänzungsprogramme

Die Lastenausgleichsbank (LAB) gewährt aus eigenen Mitteln Darlehen für Investitionen zur Existenzgründung und Existenzsicherung von Nachwuchskräften der gewerblichen Wirtschaft (Ergänzungsprogramm I, Höchstbetrag 200 000 DM), sowie von Spätaussiedlern und anderen Spätberechtigten (Ergänzungsprogramm II, Höchstbetrag 100 000 DM).

173

Bürgschaften von Kreditgarantie-Gemeinschaften

Kein Eigen-kapital vorhanden, wer kann da noch helfen?

Fehlen einem Existenzgründer banktübliche Sicherheiten zur Besicherung von Bankkrediten bzw. öffentlichen Darlehen, kann er eine Bürgschaft bei einer Kreditgarantie-Gemeinschaft beantragen. Dies sind Selbsthilfeeinrichtungen der Wirtschaft, die von Bund und Ländern gefördert werden. Gibt es in allen Bundesländern. Die Bürgschaften decken bis zu 80 Prozent des Kreditbetrags ab.

Verbürgt werden Darlehen, mit denen Betriebsgründungen, Geschäftsübernahmen, der Erwerb von Geschäftsanteilen, sowie in begrenztem Umfang Betriebsmittel finanziert werden. Das Angebot gilt für die gewerbliche Wirtschaft und die freien Berufe. Die Abwicklung erfolgt über die Hausbank.

LAB-Bürgschaften für freie Berufe

Schwierige Kredit-beschaffung für freie Berufe

Angehörige freier Berufe können bei fehlenden Sicherheiten eine Bürgschaft der Lastenausgleichsbank (LAB) in Anspruch nehmen. Die Bürgschaften decken maximal 80 Prozent eines Ausfalls an Kapital, Zinsen und Kosten der Rechtsverfolgung.

Programm für technologisch-orientierte Unternehmensgründungen

Ein bis 1987 befristeter Modellversuch des Bundesministeriums für Forschung und Technologie zur Förderung von technologisch-orientierten Unternehmensgründungen soll Firmengründungen in zukunftsträchtigen Technologiebereichen stärker als bisher anregen und neugegründete Firmen unterstützen.

In diesem Modellversuch werden Instrumente der Beratungshilfe, finanzielle Förderung von Forschung und Entwicklung und Bereitstellung von Risikokapital kombiniert.

Sehr gute Chancen für neue Berufe

Länderprogramme

Ergänzende Finanzierungshilfen aus der Bund-Länder-Gemeinschaftsaufgabe zur Verbesserung der regionalen Wirtschaftsstruktur. Förderungsprogramme für technologische Innovationen. Daran sind nur einzelne Länder engagiert.

Auch die Länder geben Kredite

Wer gibt Auskünfte?

Broschüren über die verschiedenen Bund- und Länderprogramme versenden die Ministerien Wirtschaft und Forschung. Adressen ab Seite 159. Die Abwicklungen der Finanzierungshilfen gehen alle über die Hausbank.

Leasing: Mieten statt kaufen

Leasing wird immer gebräuchlicher. Auf den ersten Blick sind die Vorteile überzeugend. Statt hoher Anlaufkosten mietet man einfach das Inventar, die Ausrüstung und den Firmenwagen.

Nur wer kreditwürdig ist, kann leasen

Jetzt muß man nur noch die Leasingraten monatlich bezahlen, dann hat man zumindest teures Bargeld in der schwierigen Startphase auf der hohen Kante. Daß die monatlichen Leasing-Raten vom Finanzamt anerkannt werden und sofort voll absetzbar sind, hat der Leasing-Branche zum Durchbruch verholfen.

Bevor die einzelnen Leasing-Anwender-Modelle genauer erklärt werden, sollte eins bedacht werden: Krumme Finanzierungspläne mittels Leasing sind heute so gut wie ausgeschlossen. Mangels Erfahrungen fielen zu viele Leasing-Partner auf den Bauch. Heute prüfen Leasing-Unternehmer ihre Kundschaft äußerst kritisch, bevor es zum Vertragsabschluß kommt.

Was kann geleast werden?

Steuern sparen durch Leasingraten

Grundsätzlich läßt sich praktisch alles leasen. Selbst in der Kommunalverwaltung werden heute Müllverbrennungsanlagen, EDV-Computer-Zentren und selbst Kulturzentren wie das Gasteig-Zentrum in München von den Stadtverwaltungen geleast. Sogar Rathäuser werden heute samt Inventar geleast. Nur noch der Bürgermeister wird von der Bevölkerung frei gewählt.

Selbstverständlich kann der Kunde frei nach seinen Fachkenntnissen seine Ausrüstung auswählen. Eines der über 600 deutschen Leasing-Unternehmen wird ihm auch das exotischste Gerät finanzieren. Tatsächlich werden die Leasing-Bedingungen stark unterschiedlich ausfallen. Die Leasing-Branche spricht von der Objekt-Bonität. Damit wird der Wiederverkaufswert bei einem Firmenzusammenbruch charakterisiert.

Ein Beispiel: Ein ausländischer Luxussportwagen erhält die Leasing-Note ›Unbefriedigende Objektbonität‹. Ein deutscher Luxuswagen aus Untertürkheim bekommt im Gegenzug das Prädikat ›Hohe Objekt-Bonität‹. Unter dem Strich gesehen bezahlt der Exoten-Liebhaber fast doppelt so hohe Leasing-Raten bei gleichem Objekt-Wert wie der brave schwäbische Familienvater mit seinem Stuttgarter Nobelmobil.

Mit ›Eingeschränkter Objekt-Bonität‹ werden die meisten Micro- und Personal-Computer sowie ganze Video-Aufnahmestudios eingestuft.

Ausländische EDV-Anlagen werden unter ›befriedigend‹ erfaßt. Nur IBM ist mit ›Ausreichender Objekt-Bonität‹ zwei Klassen höher eingestuft. Deutsche EDV-Anlagen liegen in der Mitte mit ›Eingeschränkte Objekt-Bonität‹.

Kein Leasingvertrag gleicht dem anderen

Das Beispiel zeigt, daß nur durch hartnäckige Feilscherei ein günstiger Leasing-Vertrag möglich ist. Verlassen Sie sich nicht allein auf den Kundenberater eines Herstellers.

Nicht nur von einer Leasing-Agentur beraten lassen

177

Einstieg ab 10 000 Mark

Leasing-Verträge werden in der Regel ab 10 000 Mark Gerätewert abgeschlossen. Neben den privaten Leasing-Gesellschaften steigen immer mehr auch die Banken ins Leasing-Geschäft ein. Leasing über den Bankschalter ist in Amerika ganz normal. Bei uns sind nahezu alle Leasing-Gesellschaften direkt oder indirekt von Großbanken ins Leben gerufen worden.

Großbanken unterhalten Leasing-Agenturen

Alle großen Leasing-Gesellschaften sind also Töchter von Banken. Neben der Bayerischen Hypothekenbank steigen nun auch die Raiffeisen- und Volksbanken ins direkte Leasinggeschäft über den Banktresen ein. Dem Jungunternehmer kann's recht sein. Er hat eine zusätzliche Finanzierungs-Chance.

Leasing über den Bankschalter?

Alle Leasing-Gesellschaften bieten diese Verträge an:

Leasing-Verträge ohne Optionsrecht mit Beteiligung am Verwertungserlös

Nach Ablauf der vertraglich vereinbarten Grundmietzeit gibt der Leasing-Nehmer das Objekt zurück. Am erzielten Verwertungserlös kann er beteiligt werden.

178

Leasing-Verträge mit Kaufoption

Nach Ablauf der vertraglichen Grundmietzeit kann der Leasing-Nehmer das Objekt kaufen. Der Kaufpreis kann bereits bei Vertragsabschluß fixiert werden. Z. B. Kaufwert=Marktwert, jedoch nicht höher als Restbuchwert (Lineare Abschreibung).

Leasing-Verträge mit Verlängerungsoption

Nach Ablauf der vertraglichen Grundmietzeit kann der Vertrag über die voraussichtliche Restnutzungsdauer verlängert werden. **Der Steuerberater muß mitentscheiden**

Grundsätzlich sollten Leasing-Geschäfte vor Vertragsabschluß von einem Steuerberater geprüft werden.

Beim Mietkauf-System oder beim sale and lease back-System können steuerliche Nachteile entstehen. **Leasing-Raten sind stabil** Etliche Förderungsmaßnahmen von Bund und Ländern sind nur ganz bedingt mit Leasing-Verträgen koppelbar. Jedes Jahr ändern sich hier die gesetzlichen Vorschriften und die Steuergesetze. Wurden alle rechtlichen und steuerlichen Aspekte geprüft, ergibt sich folgender Sachverhalt:

- Leasing hilft die eigene Liquidität zu schonen und zu erhalten.
- Leasing bindet kein Eigenkapital
- Leasing ermöglicht eine 100% Finanzierung
- Leasing kann aus steuerlichen Gründen meist

179

empfohlen werden (Gewerbesteuer, Vermögenssteuer, Einkommen-/Körperschaftssteuer-Vorteile)

● Leasing läßt mehr Luft für weitere Investitionen

● Leasing ermöglicht eine sichere Kalkulation durch gleichbleibende Leasingraten während der ganzen Laufzeit.

Negative Bewertung:

● Leasingraten sind teurer als langfristige Bankkredite

● Leasing-Verträge binden auf Jahre

● Leasing-Verträge können durch geänderte Gesetze nachteilig sein.

● Leasing-Verträge lassen sich mit staatlichen Existenzgründungs-Programmen selten kombinieren.

Formfrage: Die richtige Rechtsform

Ohne Rechtsform geht es nicht. Hinter dem Wort ›Rechtsform‹ verbergen sich Probleme, die jeder Existenzgründer vor »Amtsantritt« lösen muß. Will man zukünftig als Personen- oder Kapitalgesellschaft auftreten? Soll das Unternehmen allein oder mit Partnern betrieben werden? Wollen Sie den Betrieb alleinverantwortlich leiten, oder soll den Partnern Mitspracherecht eingeräumt werden?

Eine ideale Rechtsform gibt es nicht. Aber für das Gespräch bei der Bank und beim Finanzamt spielt die Rechtsform eine wichtige Rolle. Bei Finanzierungsgeschäften hängt die Kredithöhe unmittelbar mit der ausgewählten Rechtsform zusammen.

Ideale Rechtsform gibt es nicht

Der Einzelunternehmer: Volles Risiko

Der Einzelunternehmer ist sein eigener Herr. Niemand kann ihm beim Startkapital dreinreden, seine Entscheidungen können von niemandem angefochten werden. Kein Gesellschafter kann ihn in seiner Risikobereitschaft einengen.

Als Einzelunternehmer kann ganz klein angefangen werden. Der Fiskus behandelt einen als ›Kleingewerbetreibenden‹. Wächst das Geschäft, muß es im Handelsregister als ›vollkaufmännisches Gewerbe‹ angemeldet werden. Der Einzelunternehmer haftet für seine Geschäfte mit seinem gesamten Privatvermögen. Für die Bank ist der Einzelunternehmer ein gerngesehener Kunde.

Haftung mit dem gesamten Privatvermögen

Vorteile:
Kein Mindestkapitaleinsatz, volle persönliche Kontrolle über die Geschäfte, ungeteilter Gewinn, keine Gründungs-Formalitäten, geringster bürokratischer Aufwand bei Steuerfragen.

Nachteile:
Volle Haftung für alle Geschäfte, alleinige Last der Finanzierung.

Gesellschaft bürgerlichen Rechts: Interessante Alternative

Wieviel Risiko muß ich tragen?

Kleingewerbetreibende dürfen keine eigene Handelsgesellschaft gründen. Der Gesetzgeber sieht deshalb in der ›Gesellschaft bürgerlichen Rechts‹ eine Lösung. Zwei oder mehr Partner gründen eine Gesellschaft. Eine Eintragung ins Handelsregister ist nicht möglich. Zur Gesellschaftsgründung sind keinerlei Formalitäten nötig. Die Gründung kann sogar mündlich vorgenommen werden!

Ein Mindestkapital ist nicht vorgeschrieben. Allerdings haftet jeder Gesellschafter mit seinem ganzen Privatvermögen für die gemeinsamen Geschäfte der Gesellschaft.

Risiko auf Zeit?

Journalisten, Fotografen, Filmleute und viele andere Freiberufler wählen für kurze Zeit diese Gesellschaftsform. So haftet zum Beispiel jeder Autor für seine Arbeit bei diesem Buch. Klappt die Zusammen-

182

arbeit, kann die GBR auch langfristig abgeschlossen werden. Dazu sind dann persönliche Verträge über die Kompetenzen, die jeder Partner hat, empfehlenswert.

Vorteile:
Für Nichtkaufleute und Freiberufler besonders einfache Handhabung. Völlig unkomplizierte Organisationsform. Freie Wahl bei der Zeitdauer der Zusammenarbeit. Banken erheben keine Einsprüche bei der Finanzierung.

Volle Haftung, aber einfache Rechtsform

Nachteile:
Volle Gesamthaftung der Gesellschafter.

Offene Handelsgesellschaft: Nur für Profis

Die ›Offene Handelsgesellschaft‹ (OHG) kann nur von Vollkaufleuten betrieben werden. Eine Eintragung ins Handelsregister ist unumgänglich.

Bei der OHG wird kein Mindestkapital für die Gründung verlangt. Dafür haften die Partner mit dem vollen Geschäfts- und Privatvermögen.

Ein Vertrag regelt die Kompetenzen

Banken und Finanzierungsgesellschaften sehen die OHG natürlich besonders gern, weil der Zugriff zum ausgeliehenen Geld nicht bei einer gewissen Summe aufhört (Beschränkte Haftung).

Jeder Partner einer OHG ist gegenüber dem Gesetz allein vertretungsberechtigt und zugleich

Geschäftsführer. Daraus ergeben sich rechtliche Konsequenzen, aber auch im Falle des Zusammenbruchs volle Haftung.

Die Vertrauenswürdigkeit der Partner sollte deshalb sehr sorgfältig geprüft werden. Ohne hieb- und stichfesten Gesellschaftsvertrag geht es nicht.

Vorteile:

Die OHG spart Steuern

Hohe Kreditwürdigkeit durch persönliche Haftung. Die OHG unterliegt weder der Einkommens-, Körperschafts- noch Vermögenssteuer. Besonders variable Gestaltung des Gesellschafter-Vertrags ist möglich.

Nachteile:

Volle persönliche Haftung der Gesellschafter. Starkes Abhängigkeitsverhältnis aufgrund gemeinsamer Mitverantwortung bei allen Geschäften. Für Risikogeschäfte nicht empfehlenswert.

Die Kommanditgesellschaft: Unterschiedliche Haftung

Bei der Kommanditgesellschaft (KG) wird die Haftung unter den Gesellschaftern unterschiedlich verteilt.

›Komplementär‹ werden persönlich haftende Gesellschafter genannt. Sie führen in aller Regel die Geschäfte und haften dafür auch mit ihrem Privatver-

184

mögen. Die ›Kommanditisten‹ beteiligen sich mit eigenem Geld in der KG und haften nur über die eingebrachte Summe. Sie verdienen durch entsprechende Gewinnbeteiligungen an der Firma.

Vorteile:

Hohe Kreditwürdigkeit bei Banken. Die KG wird steuerlich vorteilhaft wie eine OHG behandelt. Als Komplementär behält man die Zügel in der Hand, hat alleiniges Entscheidungsrecht. Bei mehreren Komplementären muß ein Gesellschafter-Vertrag die Zuständigkeiten erläutern.

Mehr Geld – mehr Macht

Nachteile:

Uneingeschränkte persönliche Haftung des Komplementärs. KG kann nur von Vollkaufleuten geführt werden.

Stille Gesellschafter: Sterben sie aus?

Stille Gesellschafter bringen eigenes Geld in die Gesellschaft. Das kann sogar beim Einzelunternehmen der Fall sein. Nach außen treten stille Gesellschafter nicht in Erscheinung. Dafür werden sie je nach Gesellschafter-Vertrag am Gewinn und/oder am Verlust der Firma beteiligt.

Angenehm: Stille Gesellschafter

Stille Gesellschafter haften allerdings nicht für die Schulden des Unternehmens! Rechtlich werden stille Gesellschafter wie KG-Kommanditisten behandelt.

**Die Kredit-
würdigkeit
steigt**

Für einen jungen, kleinen Betrieb sind stille Gesellschafter eine gute Chance, das eigene Kapital zu schonen und die Kapitalbasis zu vergrößern.

Solange stille Gesellschafter still bleiben und nicht den Partner mit immer höheren Einlagen in Verlegenheit bringen, gehen beide Partner kein hohes Risiko ein.

**Wie lang bleibt
der Stille
still?**

Oft wird die Abhängigkeit vom stillen Gesellschafter allerdings so groß, daß sich daraus echte Probleme ergeben.

Letzten Endes sind Banken auch stille Partner von jedem Geschäft. Oft ist die Abhängigkeit gegenüber der Bank leichter zu ertragen als von einem stillen Gesellschafter, dessen Geschäftsgebaren von Tag zu Tag rüder werden, wenn die Gewinne ausbleiben.

Beschränkte Haftung: Die GmbH

Die Gesellschaft mit beschränkter Haftung ist die gebräuchlichste Rechtsform in Deutschland.

Einer oder mehrere Gesellschafter gründen mit mindestens 50 000 Mark Kapital eine GmbH. Nicht nur Geld, sondern auch Sachwerte wie z. B. Fahr-

**Kapital
auch durch
Sachwerte**

zeuge, Werkzeuge, Büroeinrichtung und die Kameraausrüstung werden bis zu 25 000 Mark angerechnet. Bei der Gründung müssen Kaufverträge etc. eingebracht werden, aus denen der Sachwert ersichtlich ist.

Die Haftung der Gesellschafter geht nur bis zur Höhe der eingebrachten Einlage. An das Privatvermö-

gen kommen Gläubiger also nicht ran. Dafür verlangen
Banken für die vorfinanzierte Einlage fast immer
persönliche Sicherheiten. Beim Firmenzusammenbruch kommt die Bank so zu ihrem Geld.

Eine GmbH-Gründung muß mit dem Gesellschaf- **Der Notar wird**
ter-Vertrag notariell beglaubigt und beim Registerge- **gebraucht**
richt hinterlegt werden. Dieser Vorgang braucht Zeit
und kostet eine Menge Geld.

Im Gesellschaftervertrag muß das Recht auf
Geschäftsführung klar festgehalten sein. Ein automati-
sches Geschäftsführer-Recht gibt es bei der GmbH
nicht.

Wer die Mehrheit am Stammkapital hat, möchte **Der Geschäfts-**
auch der Geschäftsführer sein. Dazu muß im Vertrag **führer wird**
die Gewinnverteilung sowie Gehalt, Arbeitsplatzbe- **bestimmt**
schreibung usw. festgehalten werden. Sonst besteht
leicht die Gefahr, daß die anderen Gesellschafter den
einstigen Firmengründer ausbooten.

Vorteile:

Die GmbH haftet nur in Höhe des Gesellschafter-
Vermögens. Der Gesellschafter-Geschäftsführer gilt
steuerlich als Arbeitnehmer. Vertragliche Regelun-
gen lassen eindeutige Entscheidungsbefugnisse zu.

Nachteile:

Komplizierte, kostspielige Firmengründung. Vorgeschriebenes Mindestkapital. Doppelte Besteuerung
bei der Vermögenssteuer. Gesellschaftsteuer auf das
Stammkapital. Aufwendige Buchführung.

Die Ein-Mann-GmbH

Beschränkte Haftung

In der Ein-Mann-GmbH genießt der Jungunternehmer die Haftungsbeschränkung einer normalen GmbH. Er haftet also nur mit seinem Mindestkapital von derzeit 50 000 Mark, die er zur Hälfte auch in Sachwerten einbringen kann.

Die Vorzüge des Einzelunternehmens bleiben erhalten. Niemand kann ihm in seinen Entscheidungen dreinreden.

Selbstverständlich ist man als Ein-Mann-GmbH sein eigener Geschäftsführer. Wer die Geschäfte von einer Vertrauensperson ohne Haftung leiten lassen will, kann das tun.

Vorteile:

Haftung nur bis zur Höhe des Gesellschaftsvermögens. Alleinige Entscheidungsbefugnis, Vorteile bei der Einkommenssteuer möglich.

Nachteile:

Gesetzlich vorgeschriebenes Mindestkapital von 50 000 Mark. Eingeschränkte Kreditwürdigkeit. Die Banken verlangen persönliche Sicherheiten, auf die sie beim Firmenzusammenbruch Zugriff haben. Doppelte Belastung bei der Vermögenssteuer und der Gesellschaftsteuer. Umfangreiche Buchführungsarbeiten.

GmbH & Co KG:
Stark eingeschränkte Haftung

Vor einigen Jahren galt die GmbH & Co KG als raffinierte Gesellschaftsform, bei der Gläubiger selten zu ihrem Recht kamen.

Heute ist die Körperschaftssteuerreform vom Tisch und damit ist die GmbH & Co KG für kleine und mittlere Unternehmen nicht mehr interessant. **Spielen die Banken mit?**

Geblieben ist die stark eingeschränkte Haftung der Gesellschafter.

Die KG ist Inhaberin des Unternehmensvermögens und betreibt auch das Unternehmen. Die GmbH arbeitet als reine Verwaltungsgesellschaft und ist in der Regel mit dem vorgeschriebenen Mindestkapitaleinsatz von 50 000 Mark ausgestattet. **Lohnt der zusätzliche**

Dadurch, daß die Kommanditisten meist zugleich Gesellschafter der GmbH sind, läßt sich die persönliche Haftung stark beschränken. **Verwaltungsaufwand sich wirklich?**

Vorteile:

Haftungsbeschränkung, kaum Doppelbelastung bei der Vermögenssteuer.

Nachteile:

Hoher Verwaltungsaufwand, GmbH-Mindestkapital für die Gründung vorgeschrieben, stark verminderte Kreditwürdigkeit aufgrund der Haftungsbeschränkung.

Der Fiskus hält die Hand auf

Selbständige können besser Steuern sparen

Daran muß sich jeder Selbständige rasch gewöhnen. Allerdings bieten sich Freiberuflern bessere steuerliche Möglichkeiten an, von denen der Angestellte ausgeschlossen wird. Davon später.

Zuerst hat man es mit neuen Steuern zu tun: Einkommenssteuer, Körperschaftssteuer, Gewerbesteuer und Umsatzsteuer. Die Körperschaftssteuer können Sie gleich wieder vergessen, wenn Sie – was ganz normal ist – zu Anfang keine Kapitalgesellschaft gegründet haben.

Gewerbesteuer bezahlen Sie nur dann, wenn Sie kein Freiberufler sind und einen ganz normalen Gewerbebetrieb angemeldet haben.

Einkommenssteuer ist eine fast identische Form der Ihnen schon bekannten Lohnsteuer.

Halber Umsatzsteuersatz für Video-Journalisten

Die Umsatzsteuer (Mehrwertsteuer) wird auf alle Waren aufgeschlagen. Als Freiberufler müssen Sie eventuell nur den halben Umsatzsteuersatz bezahlen. Ein Beispiel: Als Video-Bildjournalist entrichtet man derzeit nur 7% UStr., als Fotograf aber 14%. Der Vorteil des halben Steuersatzes kann sich sehen lassen. Für alle Lieferantenrechnungen, das Benzin Ihres Wagens, die Bewirtungsrechnungen usw. haben Sie 14 Prozent bezahlt. Ihre eigenen bildjournalistischen Arbeiten werden aber nur mit dem halben Satz, also 7 Prozent UStr., ausgezeichnet. Das Finanzamt gibt Ihnen im Gegenaufrechnungsverfahren also 7 Prozent zuviel bezahlte UStr. der Lieferantenrechnungen etc. zurück.

Das kann jedes Vierteljahr bei einem Ein-Mann-Betrieb schon ein paar hundert Mark ausmachen!

Natürlich lassen sich auch die meisten Kosten, die zur Existenzgründung notwendig waren, steuerlich vorteilhaft gegenrechnen.

Belege sammeln ist die erste Selbständigen-Pflicht

Deshalb ist schon im ersten Stadium der Existenzgründung der Besuch bei einem guten Steuerberater wirklich empfehlenswert.

Aber was ist ein guter Steuerberater? Ein guter Steuerberater ist mit Sicherheit kein ›krummer Hund‹, der einem windige Tricks empfiehlt, die bei der ersten Steuerprüfung durchrasseln.

Ein guter Steuerberater muß mehr können als Belege sortieren

Mein Steuerberater arbeitete acht Jahre beim Finanzamt, dann wurde er Steuerprüfer und ging vier Jahre auf »Streife« und erlegte viele Steuersünder. Schließlich machte er sich selbständig und hat jetzt fünf Angestellte.

Mit dieser Betriebsgröße hat der Jungunternehmer den richtigen Gesprächspartner. Kleine Steuerberatungsbüros kümmern sich noch um jeden kleinen Kunden, weil daraus ein großer werden kann.

Steuerberater, die von den Methoden der Steuerfahndung nur Theoretisches wissen, werden mit Ausflüchten antworten, wenn es zur Sache geht. Wer kennt schon die Möglichkeiten der Steuerfahndung? Ein paar Kostproben:

Steuerfahnder fackeln nicht

Steuerfahnder können Privatkonten sperren, Pässe einziehen, Betriebe stillegen, Wareneingänge beschlagnahmen und Geschäftsführer inhaftieren lassen. Der Unterschied zur Kripo ist hauchdünn. Tatsächlich sind die Informationsquellen der Steuerfahnder eher besser als bei der Kriminalpolizei. Aber der Steuerprüfer und die Steuerfahndung kommen nicht ganz »unangemeldet« ins Haus. Haben Sie einen sehr guten Kontakt zu Ihrer Hausbank, kann Ihnen selbst der Kontoführer eventuell einen Tip geben, wenn eine Anfrage vom Finanzamt da war.

Der Steuerberater haftet nicht für Ihre Geschäfte

Ein wirklich guter Steuerberater wird auf die Risiken Ihres Geschäftes und der Transaktionen hinweisen. Wenn's ganz schlimm kommt, haftet der Steuerberater weder für seine mündlichen Auskünfte, noch für Ihre Steuerbescheide. Er füllt ja nur das aus, was Sie ihm vorlegen!

Die Angst vor dem Finanzamt steckt wohl in jedem. Hat man die ersten zwei Steuerprüfungen heil überstanden, lebt es sich befreiter.

Selbst bei ganz bösen Sachen läßt es sich mit dem Steuerprüfer und dem zuständigen Finanzbeamten noch gut verhandeln. Wer zum Beispiel drei Jahre lang illegal selbständig gearbeitet hat und dann zur Kasse gebeten wird, wandert in der Regel nicht ins Gefängnis. Ganz im Gegenteil. Das Finanzamt will nämlich möglichst schnell und sicher zu den hinterzo-

genen Steuergeldern kommen. Da nutzt es nichts, **Reuige**
wenn der Klient im Knast sitzt! Also muß der Steuer- **Steuersünder**
sünder Reue zeigen und Abzahlungsvorschläge unter- **mag das**
breiten. **Finanzamt**

Wer dann sofort zehntausend Mark Abzahlung
anbietet, braucht sich nicht zu wundern, wenn dann
nochmals schnell 30 000 Mark verlangt werden, plus
Vorauszahlung in gleicher Höhe.

Erklärt der ›bettelarme‹ Sünder sich bereit, monat- **Abzahlungs-**
lich achthundert Mark auf drei Jahre abzuzahlen, wird **bescheide**
das Finanzamt bei persönlicher Vorsprache in der **müssen**
Regel auf diesen Vorschlag eingehen. **eingehalten**

Im Prinzip verhält es sich beim Umgang mit dem **werden**
Finanzamt ganz ähnlich wie beim Kreditholen von der
Bank: Wer seinen Geschäftspartner hinreichend objektiv informiert, kann größere Zugeständnisse erwarten.

Geschäfte ohne Steuerberater?

sind selbstverständlich möglich. Die Finanzbeamten
geben überraschend gerne Auskünfte, sofern man
selbst vorspricht. Kostenlos – natürlich!

Bringt der Kleinunternehmer seine Belege gut
sortiert nach Einnahmen und Ausgaben mit aufs
Finanzamt, hat so mancher schon seine Steuererklärung direkt vom Amt ausgefüllt bekommen.

Bei selbständigen Journalisten, Künstlern oder
Reportern ist das gang und gäbe.

**Steuer-
beratung durch
Finanzamt?**

**Steuerberater
sind Mittler
zwischen
Kunden und
Finanzamt**

Steigt das Einkommen eines jungen Selbständigen über 60 000 Mark im Jahr, lohnt sich auf jeden Fall eine Buchführung durch den Steuerberater.

Wir empfehlen dennoch schon bei kleineren Einkommen den Steuerberater. Der Fachmann kennt die Steuertermine, kann Verzugszinsen abbügeln, Steuerabgaben stark hinauszögern und bürgt mit seinem Namen für eine solide Steuererklärung.

Viele Steuerberater arbeiten mit festen Honoraren, die sich nach Umsatzhöhe und Arbeitszeit im Steuerberater-Büro richten.

Feste Pauschalverträge schließen die meisten Steuerberater ab, wenn Sie danach fragen. Das kommt oft billiger als die detaillierte Abrechnung.

Welche Steuern muß ich bezahlen?

**Nicht jeder
Gewerbe-
treibende
müßte
Gewerbesteuer
zahlen**

Die Gewerbesteuer wird von jedem Gewerbebetrieb erhoben. Besteuert werden das Gewerbekapital und der Gewerbeertrag.

Die Gewerbesteuer muß an die Stadt oder an das Gemeindesteueramt gezahlt werden. Die Höhe der Gewerbesteuer errechnet das Finanzamt. Dieser Satz wird ›einheitlicher Meßbetrag‹ genannt. Dieser Meßbetrag wird mit dem entsprechenden Gemeinde-Hebesatz multipliziert. Das Ergebnis müssen Sie in Vierteljahresbeträgen im voraus einbezahlen. Stichtage sind der 15. Februar, Mai, August und Novem-

194

ber. (Als selbständiger Videokameramann bezahlt man keine Gewerbesteuer, sofern man freiberuflich tätig ist. Wer mit Video-Kassetten handelt, muß Gewerbesteuer entrichten.)

Die **Einkommenssteuer** ist eine Personensteuer und muß von jedem Selbständigen bezahlt werden. Die Höhe richtet sich nach dem erzielten Gewinn, der nach Abzug von Werbungskosten, Freibeträgen, Sonderausgaben und außergewöhnlichen Belastungen errechnet wird.

Einkommensteuer ist wie Lohnsteuer – davon ist niemand befreit

Dafür gibt es Einkommensteuer-Tabellen vom Finanzamt. Auf dieser Basis verlangt das Finanzamt dann vierteljährliche Vorauszahlungen. Unter Umständen verzichtet das Finanzamt zu Beginn der Selbständigkeit auf Vorauszahlungen, weil zuerst ja kein Gewinn erwartet wird. Antrag ans Finanzamt stellen.

Körperschaftssteuern können Sie vergessen, weil sie nur für Kapitalgesellschaften gelten. 56 Prozent beträgt die Steuer für nicht ausgeschüttete und 36 für an Gesellschafter ausgeschüttete Gewinne! Deshalb gibt es so wenig glückliche Kapitalgesellschafterversammlungen.

Die **Umsatzsteuer** (Mehrwertsteuer) müssen Sie auf alle Rechnungen zuschlagen. Der Steuersatz beträgt derzeit 14 Prozent. Für einige Dienstleistungen, freie Berufe, Bücher, Zeitschriften und Lebensmittel gilt der halbe Steuersatz mit 7 Prozent.

Von der Summe der ihren Kunden berechneten Umsatzsteuer ziehen Sie die an Ihre Lieferanten gezahlte Umsatzsteuer ab (Vorsteuer). Die Differenz von Ihren eigenen Rechnungen zu den Lieferanten-Rechnungen muß monatlich ans Finanzamt überwiesen werden. Wenn Sie mit dem Finanzbeamten über ihre Existenzgründer-Lage sprechen, wird er auf die monatliche Zahlung eventuell verzichten und viertel-, halb- oder ganzjährige Umsatzsteuerzahlungen anordnen.

Ganz wichtig:

Wer Umsatzsteuer kassiert und nicht ans Finanzamt wieder abführt, macht sich des Steuerbetrugs strafbar.

Genauso verhält es sich mit einbehaltenen Lohnsteuer- und Sozialversicherungsbeträgen. Das ist Betrug und wird bestraft. Die AOK meldet sich schon nach wenigen Tagen, wenn Ihre Beiträge ausbleiben.

Die Steuerprüfung kommt

Fast jeder Betrieb wird geprüft

Nach drei oder vier Jahren wird Ihnen das Finanzamt ziemlich sicher auf den Zahn fühlen. Die Steuerprüfung meldet sich etwa vier bis acht Wochen vorher an.

196

Zusammen mit Ihrem Steuerberater können Sie die ganze Prüfung durchführen lassen. Weil der Steuerprüfer dazu Zeit braucht, vergehen viele kostbare Steuerberater-Stunden, die Sie bezahlen müssen.

Es geht auch kostengünstiger. In der Regel genügt ein kurzes Gespräch zwischen dem Steuerberater, Ihnen und dem Beamten. Dann zieht sich der Steuerbeamte ins stille Kämmerchen zurück. Gelegentlich werden Sie zum einen oder anderen Beleg befragt.

Steuerprüfer erwarten Aufklärung

Wenn die Prüfung nach ein, zwei Tagen vorbei ist, wird Sie der Beamte zu einem Abschlußgespräch zusammen mit Ihrem Steuerberater bitten. Dabei wird er auf einzelne unklare Buchungen kommen. Lassen Sie Ihren Steuerberater darauf antworten – er ist Ihr ›Verteidiger‹. Grundsätzlich müssen Sie sich zu belastenden Punkten nicht äußern. Oft genügt aber eine plausible Erklärung, die den Beamten versöhnlich stimmen kann.

Jetzt macht sich der Steuerberater bezahlt

Zwei bis drei Monate später kommt der Steuerbescheid (Prüfbericht) vom Finanzamt. Müssen Sie ungerechterweise nachzahlen, können Sie dagegen Beschwerde beim Finanzgericht einlegen. Besser ist ein Gespräch zwischen Steuerberater und Amtsstellenleiter. Zumindest in den Abzahlungsmodalitäten können dann Zugeständnisse vom Finanzamt erwartet werden.

Lauferei: Die notwendigen Formalitäten

Endspurt

Das deutsche Grundgesetz garantiert jedem die Gewerbefreiheit. Wer den Mut dazu hat, kann sich auch selbständig machen.

Die Ausnahmen von der Regel bringen für den hoffnungsfrohen Jungunternehmer eine Menge Ärger und viel Lauferei mit sich.

Bei gewissen Berufen geht es nicht ohne behördliche Zulassung, weil damit die Allgemeinheit geschützt werden soll.

So kann nicht jeder eine Gaststätte ohne fachliche Qualifikation betreiben. Auch der Handel mit Waffen oder Trinkmilch unterliegt der Zulassung durch die Gewerbeaufsicht.

Wer muß sein Gewerbe anmelden?

Als Freiberufler hat man es einfacher. Sie unterliegen weder der Gewerbeaufsicht noch der Handwerkskammer-Aufsicht. Grenzfälle kann am besten der Steuerberater klären. So unterliegt ein Fotograf der Handwerkskammer, ein Bildjournalist ist Freiberufler und damit tabu für die Handwerkskammer. So bezahlt der Fotograf Gewerbesteuer, der Bildjournalist kommt ungeschoren davon.

Behördliche Genehmigungen werden bei den neuen elektronischen Medien-Berufen bisher nicht verlangt. Jeder kann sich also als Videokameramann selbständig machen, ohne daß er von der Fotografeninnung belästigt werden kann.

Der Microcomputer-Spezialist kommt ohne

Gewerbeschein aus, wenn er auf den Handel mit seinen Software-Programmen verzichtet und nur einen Beratungsservice betreibt!

Bei den Finanzämtern herrscht in den neuen Berufsbildern noch die totale Konfusion. Bei unseren Recherchen konnten alle sechs umliegenden Finanzämter von Stuttgart keine verbindliche Auskunft darüber abgeben, ob ein Videofilmer nun ein Gewerbe anmelden muß oder nicht.

Deshalb unser Rat: Lassen Sie Ihren Berufsstand vom zuständigen Finanzamt schriftlich bescheinigen.

Auch Steuerberater geben ihre Auskünfte nur unter Vorbehalt ab. Stuft Sie das zuständige Finanzamt bei Ihrer ersten Betriebsprüfung nach drei Jahren als illegal geführter Gewerbebetrieb ein, werden Sie die nun fällige Gewerbesteuer kaum verkraften können. Deshalb die Sache vorab schriftlich abklären.

Das Finanzamt muß Ihr Geschäft akzeptieren

Wo wird das Gewerbe angemeldet?

Eine Gewerbeanmeldung ist immer erforderlich, wenn Sie einen Betrieb führen. Lediglich die freien Berufe, Land- und Forstwirte, wissenschaftlich, künstlerisch und schriftstellerisch Tätige müssen nicht zum Gewerbeamt.

Sobald ein standortfestes Video-Atelier aufgezogen wird, geht's nicht ohne Gewerbeamt.

199

**Die Gewerbe-
ämter melden
Ihr neues
Geschäft dem
Finanzamt**

Die Gewerbemeldestelle ist die erste Anlaufposi-
tion. Meist ist sie bei den Ordnungsämtern untergebracht. Dort auf der Gewerbemeldestelle erhält man
das Anzeigeformular. Das füllt man aus und ist damit
selbständig!

Innerhalb weniger Tage benachrichtigt jetzt das
Gewerbeamt das Finanzamt, die zuständige Berufs-
kammer und die Berufsgenossenschaft. Jetzt ist man
voll im Räderwerk der Bürokratie integriert.

Die Handwerksrolle und das Handelsregister

**Die Handwerks-
kammer nimmt
nicht
jeden auf**

Möchte man einen Handwerksbetrieb für die
Reparatur von Video-Recordern gründen, muß man
sich in die Handwerksrolle eintragen lassen. Sie wird
bei der zuständigen Handwerkskammer geführt. Ab
einer gewissen Betriebsgröße müssen Handwerksbe-
triebe ins Handelsregister eingetragen werden. Dazu
braucht man einen Steuerberater und den Notar.
Unabhängig von der Betriebsgröße müssen ›Offene
Handelsgesellschaften‹ (OHG), Kommanditgesell-
schaften (KG) und alle Arten von GmbHs ins Handelsregister eingetragen werden. Dazu ist immer ein
Notar erforderlich.

Das Handelsregister wird beim Amtsgericht geführt und kann von jedem Interessenten eingesehen
werden. Banken werfen darauf genau so einen Blick
wie zukünftige Geschäftspartner. Schließlich zeigt das
Handelsregister die Besitzverhältnisse und gibt Aus-

kunft über die Geschäftsführung. Mit dem Eintrag ins Handelsregister wird die doppelte Buchführung fällig. Dafür wird man jetzt als ordentlicher Vollkaufmann bezeichnet und darf eine ›Firma‹ als Namen des Unternehmens führen.

Wer sich am Anfang noch nicht ins Handelsregister eintragen läßt, wird als Minderkaufmann bezeichnet. Die Industrie- und Handelskammern geben gern Auskünfte, ob und wann die Eintragung ins Handelsregister infrage kommt (Adressen siehe Anhang).

Ihre persönliche Checkliste muß stimmen

Rechtzeitige Klärung aller Rechtsfragen ist unumgänglich bei jeder Existenzgründung. Allein die betriebsrechtlichen Einstellungsverträge, Lieferverträge, Arbeitsrecht- und Arbeitsschutzvorschriften sind so umfangreich, daß hier nur eine Spezialberatung durch den Steuerberater und die Handelskammer weiterhilft.

Diese Punkte sollten Sie klären, bevor Sie den Sprung in die Selbständigkeit wagen:

● Haben Sie die unterschiedlichen Rechtsformen (GmbH etc.) steuerlich prüfen lassen?

● Haben Sie die richtige Formulierung im Gesellschaftsvertrag gefunden? Z. B. Haftung, Gewinnbeteiligung, Entscheidungsbefugnisse, Steuerfragen?

● Haben Sie sich über die branchenüblichen Verträge und allgemeinen Geschäftsbedingungen informiert? z. B. Kunden-, Lieferantenverträge?

● Wissen Sie Ihre handelsrechtlichen Pflichten?

● Kennen Sie die Arbeitsschutzgesetze, Sozialgesetze, Jugendschutzgesetze etc., wenn Sie Angestellte beschäftigen wollen?

Restlicht-Kamera WV-1900 von Pana sonic. Sie arbeitet mit einem 1"Newvicon. Trennung von Restlicht-Verstärker und Newvicon durch Glasfaseroptik. Mindestausleuchtung 0,01 Lux, die Lichtregelautomatik 1:10 Millionen. Wird von der Kripo, Armee etc. benutzt.

Das wird beim Fernsehen bezahlt

Tarifvertrag für Film- und Fernsehschaffende, gültig ab 1. April 83 in der Rundfunk-Fernseh-Film-Union im Deutschen Gewerkschaftsbund (DGB). (Quelle: Hauptgeschäftsstelle der RFFU, Klarastr. 19, 8000 München 19, Tel.: 089-18 20 61/2). Dort sind 19 500 Mitglieder der Gewerkschaft Kunst vereint. Die Gagen gelten ab der vierten Produktion, für die Sie in der betreffenden Berufssparte verantwortlich tätig sind:

Traumberuf Fernsehkameramann – was wirklich bezahlt wird

Höhe der Wochengrundgagen:

Beruf bzw. Tätigkeit:	(DM)
Regie-Assistenz	1122,–
Produktionsleitung	1582,–
1. Aufnahmeleitung	1034,–
2. Aufnahmeleitung	793,–
Filmgeschäftsführung mit Kassenführung	1044,–
Produktionssekretariat	720,–
Atelier-Sekretariat (Skript)	720,–
Kamera	2819,–
Kamera-Assistenz	1044,–
Schnitt	1128,–
1. Schnitt-Asisstenz	720,–
2. Schnitt-Assistenz	600,–
Außen-Requisite	1034,–
Innen-Requisite	940,–
Kostümberatung (-bildung)	1096,–
Garderobe/Gewand	793,–
Maske	1070,–
Ton	1378,–
Ton-Assistenz	987,–
Szenenbild	1321,–
Szenenbild-Assistenz	1034,–

Höhe der Wochen-Pauschalgage:

Beruf bzw. Tätigkeit:	(DM)
Regie-Assistenz	1321,–
Produktionsleitung	1801,–
1. Aufnahmeleitung	1261,–
2. Aufnahmeleitung	960,–
Filmgeschäftsführung mit Kassenführung	1189,–
Produktionssekretariat	840,–
Ateliersekretariat (Skript)	840,–
Kamera	3002,–
Kamera-Assistenz	1381,–
Schnitt	1321,–
1. Schnitt-Assistenz	840,–
2. Schnitt-Assistenz	720,–
Außen-Requisite	1261,–
Innen-Requisite	1081,–
Kostümberatung (-bildung)	1321,–
Garderobe/Gewand	960,–
Maske	1321,–
Ton	1561,–
Ton-Assistenz	1105,–
Szenenbild	1441,–
Szenenbild-Assistenz	1153,–

Ob die nette Dame auch nach fünfstündiger Reportage immer noch so locker einherschreitet, erscheint uns zweifelhaft. Für Amateure werden sich die neuen kleinen Halbformat- und Video-Recorder-Kameras kaum mehr gewichtlich von älteren Super 8 Schmalfilm-Kameras unterscheiden.

Oben: JVC HR-S10/TU-S10 VHS Component Video Systembaustein. Links: HR-D725 Stereo Video Cassetten Recorder in Hi Fi-Qualität.

Dual VRC 840 Video Camera mit eingebautem Recorder. Sechsfach Motor-Zoom mit Lichtstärke 1,2 U und Makroeinstellung. Gesamtgewicht nur 1,9 kg.

Dual VCC 95 mit Newvicon-Röhre. Video-Spitzenkamera für Halbprofis. Auswechselbare Optik. Kleinbild-Objektive sind über Adapter anschließbar.

Klein aber fein, die Siemens Video Color FA 106. Sechsfaches Zoom. Kameragewicht 1,6 kg ohne Recorder.

205

Weltraumforschung ohne Videoaufzeichnung an Bord der Raumfähren ist heute undenkbar.
Satelliten-Parabol-Antenne auf Privathaus in den USA. Sanyo Actis 8 mm Video-Recorder-
Prototyp. Superhandlich, ideal für Amateurfilme.

Ansprechadressen

Sendeanstalten

Bayerischer Rundfunk (BR)
Postfach 20 05 08, Rundfunkplatz 1, 8000 München 2, Tel.: 089/59 00-1

Hessischer Rundfunk (HR)
Postfach 31 11, Bertramstr. 8, 6000 Frankfurt 1, Tel.: 06 11/155-1

Norddeutscher Rundfunk (NDR)
Rothenbaumchaussee 132–134, 2000 Hamburg 13, Tel.: 040/413-1

Radio Bremen (RB)
Postfach, Heinrich-Hertz-Str. 13, 2800 Bremen 33, Tel.: 04 21/23 84-1

Saarländischer Rundfunk (SR)
Postfach 10 50, Funkhaus Halberg, 6600 Saarbrücken, Tel.: 06 81/602-1

Sender Freies Berlin (SFB)
Masurenallee 8–14, 1000 Berlin 19, Tel.: 030/308-1

Süddeutscher Rundfunk (SDR)
Postfach 837, Neckarstr. 230, 7000 Stuttgart 1, Tel.: 07 11/288-1

Südwestfunk (SWF)
Postfach 820, Hans-Bredow-Str., 7570 Baden-Baden,
Tel.: 0 72 21/276-1

Westdeutscher Rundfunk (WDR)
Postfach 10 19 50, Appellhofplatz 1, 5000 Köln 1,
Tel.: 02 21/220-1

Deutsche Welle (DW)
Postfach 10 04 44, Raderberggürtel 50, 5000 Köln 51,
Tel.: 02 21/389-0

Deutschlandfunk (DLF)
Postfach 51 06 40, Raderberggürtel 40, 5000 Köln 51,
Tel.: 02 21/37 07-1

RIAS Berlin
Kufsteiner Str. 69, 1000 Berlin 62, Tel.: 030/85 03-1

Deutsches Fernsehen/ARD
Programmdirektion, Postfach 20 06 22, Arnulfstr. 42,
8000 München 2, Tel.: 089/59 00-1

Institut für Rundfunktechnik (IRT) GmbH
Floriansmühlstr. 60, 8000 München 45, Tel.: 089/
38 59-1

Zweites Deutsches Fernsehen (ZDF)
Postfach 40 40, Essenheimer Landstr., 6500 Mainz 1,
Tel.: 0 61 31/70-1

Deutsche Bundespost

Bundesministerium für das Post- und Fernmeldewesen
Postfach 80 01, Adenauerallee 81, 5300 Bonn 1, Tel.:
02 28/14-1

Verbraucherinformation

Stiftung Warentest
Postfach 41 41, Lützowplatz 11–13, 1000 Berlin 30,
Tel.: 030/26 31-1

Arbeitsgemeinschaft der Verbraucher (AgV) e.V.
Heilsbachstr. 20, 5300 Bonn 1, Tel.: 02 28/64 10 11

Video-Geräte-Hersteller

Die angeführten Firmen sind gern bereit, umfangreiches Informationsmaterial ihrer Produkte an Existenzgründer weiterzugeben. Einige Firmen unterhalten firmeneigene Videokamera-Kurse und Ferienseminare. Schreiben Sie am besten an die Werbeabteilungen, dann sind Sie zukünftig immer im Verteiler für die neuesten Presse- und Werbenachrichten, die Sie sonst nur mit reichlicher Verspätung in den Fachzeitschriften aufspüren könnten.

209

 *Dual GmbH*
Leopoldstr. 1, 7742 St. Georgen/Schw., Tel.: 0 77 24/
83-1

Fischer-Werke
Artur Fischer GmbH & Co. KG, Weinhalde 14–18,
7244 Tumlingen/Waldachtal, Tel.: 0 74 43/121

Grundig AG
Kurgartenstr. 37, 8510 Fürth, Tel.: 09 11/703-1

Hitachi Sales Europa GmbH
Rungedamm 2, 2050 Hamburg 80, 040/734 11 0

ITT-Schaub-Lorenz-Vertriebsges. mbH
Östliche Karl-Friedrich-Str. 132, 7530 Pforzheim,
Tel.: 0 72 31/59-1

JFC Deutschland GmbH
JVC-Haus, Frankfurter Allee 6/8, 6236 Eschborn/Ts.,
Tel.: 0 61 96/496-0

Mitsubishi Electric Europe GmbH
Brandenburger Str. 40, 4030 Ratingen 3, Tel.:
0 21 02/486-0

National Panasonic GmbH
Winsbergring 15, 2000 Hamburg 54, Tel.: 040/85 49-9

Nordmende Vertriebs-GmbH & Co. KG
Funkschneise 5–9, 2800 Bremen 44, Tel.: 04 21/
458 51

Philips GmbH
Unterhaltungselektronik, Mönckebergstr. 7, 2000
Hamburg 1, Tel.: 040/32 97-1

SABA GmbH
Hermann-Schwer-Str., 7730 Villingen-Schwenningen, Tel.: 0 77 21/856 80

Sanyo Electronic Trading Co. Ltd.
Osaka/Japan, Generalimporteur für Europa: M. Spit-
zer-Mileger, Steingraben 40, CH-4000 Basel/
Schweiz, Tel.: 061/23 45 60

Siemens-Elektrogeräte GmbH
Hochstr. 17, 8000 München 80, Tel.: 089/41 63-09

SONY Deutschland GmbH
Hugo-Eckener-Str. 20, 5000 Köln 30, Tel.: 02 221/
59 66-1

Uher Werke München GmbH
Postfach 24 43, 6380 Bad Homburg, Tel.: 0 61 72/
125-0

Leitstellen für die Beantragung öffentlicher Beratungshilfen

(Existenzgründungs- und Existenzaufbau-Beratung).

Handwerk

Zentralverband des Deutschen Handwerks,
Johanniterstr. 1, 5300 Bonn 1, Tel.: 02 28/535-1;

Industrie

Bundesverband der Deutschen Industrie e.V.,
Gustav-Heinemann-Ufer 84–88, 5000 Köln 51, Tel.:
02 21/3 70 81;

Deutscher Industrie- und Handelstag (DIHT),
Adenauerallee 148, 5300 Bonn 1, Tel.: 02 28/10 40;

Bundesverband der Selbständigen e.V.,
– Deutscher Gewerbeverband – (BDS), Coburger
Str. 1a, 5300 Bonn 1, Tel.: 02 28/26 28;

Groß-/Außenhandel

BBG-Bundesberatungsstelle für den Deutschen
Groß- und Außenhandel GmbH
Kaiser-Friedrich-Str. 13, Postfach 12 28,
5300 Bonn 1, Tel.: 02 28/21 39 58 und 22 55 50;

Einzelhandel

Leitstelle für die Gewerbeförderungsmittel des
Bundes im Einzelhandel,
Sachsenring 89, 5000 Köln 1, Tel.: 02 21/32 82 10;

Handelsvertreter, Handelsmakler

Unternehmensberatung für die Wirtschaft GmbH
(UbW), Landgrafenstr. 16, 1000 Berlin 30,
Tel.: 030/2 61 18 26;

Verkehr

Zentralarbeitsgemeinschaft des Straßenverkehrsge-
werbes (ZAV),
Breitenbachstr. 1, 6000 Frankfurt/M., Tel.: 06 11/
77 57 19;

Gastgewerbe

Interhoga, Kronprinzenstr. 46, 5300 Bonn 2,
Tel.: 02 28/36 20 16-19;

Reisebürogewerbe

Deutscher Reisebüroverband e.V., Gärtnerweg 3,
6000 Frankfurt/M. 1, Tel.: 06 11/55 08 06/7;

 **Industrie- u. Handelskammern**

Industrie- und Handelskammer zu Aachen
Bezirk: Stadt Aachen, sowie die Kreise Aachen,
Düren, Euskirchen, Heinsberg
Theaterstr. 6–8, Postfach 650, 5100 Aachen, Tel.:
02 41/43 81;

Industrie- und Handelskammer für das südöstliche
Westfalen zu Arnsberg
Bezirk: Hochsauerlandkreis, Kreis Soest
Königstr. 20, Postfach 53 13, 5760 Arnsberg 2,
Tel.: 0 29 31/40 64;

Industrie- und Handelskammer Aschaffenburg
Bezirk: Stadt Aschaffenburg, Landkreis Aschaffenburg und Miltenberg
Kerschensteinerstr. 9, Postfach 17, 8750 Aschaffenburg, Tel.: 0 60 21/81 86;

Industrie- und Handelskammer für Augsburg und
Schwaben
Bezirk: Bayerischer Regierungsbezirk Schwaben
ohne Landkreis Lindau
Stettenstr. 1 u. 3, Postfach 10 18 80,
8900 Augsburg 1, Tel.: 08 21/31 62-1;

Industrie- und Handelskammer für Oberfranken
Bayreuth
Bezirk: Bayerischer Regierungsbezirk Oberfranken

214

mit Ausnahme der kreisfreien Stadt Coburg und des Landkreises Coburg
Bahnhofstr. 25–27, Postfach 26 20, 8580 Bayreuth, Tel.: 09 21/2 30 91;

Industrie- und Handelskammer zu Berlin
Bezirk: Berlin (West)
Hardenbergstr. 16–18, 1000 Berlin 12, Tel.: 030/ 31 80-1;

Industrie- und Handelskammer Ostwestfalen
zu Bielefeld
Bezirk: Regierungsbezirk Detmold (ohne Kreis Lippe); Kreise: Stadt Bielefeld und die Kreise Gütersloh, Herford, Höxter, Minden-Lübbecke und Paderborn
Elsa-Brandström-Str. 1–3, Postfach 163, 4800 Bielefeld 1, Tel.: 05 21/554-1;

Industrie- und Handelskammer zu Bochum
Bezirk: Kreisfreie Städte Bochum und Herne, sowie aus dem Ennepe-Ruhr-Kreis die Städte Hattingen und Witten,
Ostring 30–32, Postfach 10 12 30, 6430 Bochum 1, Tel.: 02 34/6 04 01;

Industrie- und Handelskammer Bonn
Bezirk: Kreisfreie Stadt Bonn und Rhein-Sieg-Kreis,
Bonner Talweg 17, Postfach 18 20, 5300 Bonn 1, Tel.: 02 28/22 84-0;

Industrie- und Handelskammer Braunschweig
Bezirk: Kreisfreie Städte Braunschweig und Salzgitter, Landkreise Goslar, Helmstedt, Peine u. Wolfenbüttel,
Garküche 3, Postfach 3269, 3300 Braunschweig,
Tel.: 05 31/47 15-1;

Handelskammer Bremen
Bezirk: Gebiet der Stadtgemeinde Bremen, sowie das Gebiet der stadtbremischen Häfen in Bremerhaven,
Haus Schütting, Am Markt 13, Postfach 10 51 07,
2800 Bremen 1, Tel.: 04 21/3 63 71;

Industrie- und Handelskammer Bremerhaven
Bezirk: Stadt Bremerhaven,
Friedrich-Ebert-Str. 6, Postfach 100540,
2850 Bremerhaven 1, Tel.: 04 71/2 01 11;

Industrie- und Handelskammer zu Coburg
Bezirk: Stadt und Landkreis Coburg,
Schloßplatz 5, Postfach 384, 8630 Coburg,
Tel.: 0 95 61/77 94;

Industrie- und Handelskammer Darmstadt
Bezirk: Stadt Darmstadt und Landkreise Bergstraße, Darmstadt-Dieburg, Groß Gerau und Odenwaldkreis,
Rheinstr. 89, Postfach 40 24, 6100 Darmstadt, Tel.: 0 61 51/87 11;

Industrie- und Handelskammer Lippe zu Detmold
Bezirk: Kreis Lippe
Willi-Hofmann-Str. 5, Postfach 40 24,
4930 Detmold 1, Tel.: 0 52 31/2 10 91;

Industrie- und Handelskammer zu Dillenburg
Bezirk: Dill/obere Lahn
Wilhelmstr. 10, Postfach 349, 6340 Dillenburg,
Tel.: 0 27 71/50 20, 50 27-29;

Industrie- und Handelskammer zu Dortmund
Bezirk: Stadtkreise Dortmund, Hamm, sowie der
Kreise Unna mit den Gemeinden Bergkamen, Bö-
nen, Fröndenberg, Holzwickede, Kamen, Lünen,
Schwerte, Selm, Unna, Werne a. d. Lippe,
Märkische Str. 120, Postfach 871, 4600 Dortmund,
Tel.: 02 31/5 41 71;

Industrie- und Handelskammer zu Düsseldorf
Bezirk: Kreisfreie Stadt Düsseldorf und Kreis Mett-
mann,
Ernst-Schneider-Platz 1, Postfach 44 29, 4000 Düsseldorf 1, Tel.: 02 11/3 55 71;

*Niederrheinische Industrie- und Handelskammer
Duisburg-Wesel-Kleve zu Duisburg*
Bezirk: Kreisfreie Stadt Duisburg, Kreis Kleve, Kreis
Wesel
Mercatorstr. 22/24, Postfach 101123/24/43,
4100 Duisburg 1, Tel.: 02 03/28 21-1;

Industrie- und Handelskammer für Ostfriesland und Papenburg
Bezirk: Die Landkreise Aurich, Leer und Wittmund, die kreisfreie Stadt Emden und aus dem Gebiet des Landkreises Emsland die Stadt Papenburg, Ringstr. 2, Postfach 17 52, 2970 Emden, Tel.: 0 49 21/ 2 00 55-59;

Industrie- und Handelskammer für Essen, Mülheim a. d. Ruhr, Oberhausen zu Essen
Bezirk: Essen, Mülheim a. d. Ruhr, Oberhausen
Am Waldthausenpark 2, Postfach 101755, 4300 Essen 1, Tel.: 02 01/18 92-1;

Industrie- und Handelskammer zu Flensburg
Bezirk: Stadt Flensburg, Kreise Schleswig-Flensburg, Nordfriesland, Dithmarschen, Heinrichstr. 34, Postfach 1942, 2390 Flensburg, Tel.: 04 61/806-1;

Industrie- und Handelskammer Frankfurt am Main
Bezirk: Stadtkreis Frankfurt a. Main, als Außenbezirk der Landkreis Hochtaunus, vom Landkreis Main-Taunus die Gemeinden: Altenhain, Ehlhalten, Fischbach, Kriftel, Liederbach, Neuenhain, Rossert, Solzbach, Vockenhausen. Die Städte: Bad Soden, Eschborn, Eppstein, Florsheim, Hattersheim, Hofheim, Kelkheim, Schwalbach, Börsenplatz, Postfach 32 29, 6000 Frankfurt am Main 1, Tel.: 06 11/2 19 71;

Industrie- und Handelskammer Südlicher Oberrhein
Bezirk: Stadtkreis Freiburg i. Br., Landkreis Breis-
gau-Hochschwarzwald, Emmendingen, Ortenau-
kreis,
Sitz und Hauptstelle:
Wilhelmstr. 26, Postfach 860, 7800 Freiburg i. Br.,
Tel.: 07 61/3 13 77;

Industrie- und Handelskammer Südlicher Oberrhein
Hauptgeschäftsstelle Lahr, Lotzbeckstr. 31, Postfach
15 46/48, 7630 Lahr/Schwarzwald, Tel.: 0 78 21/
2 20 73;

Industrie- und Handelskammer Friedberg (Hessen)
Bezirk: Wetteraukreis und zum Vogelsbergkreis die
Stadt Schotten,
Goetheplatz 3, Postfach 16 09, 6360 Friedberg, Tel.:
0 60 31/23 57-59;

Industrie- und Handelskammer Fulda
Bezirk: Landkreis Fulda,
Heinrichstr. 8, Postfach 629, 6400 Fulda, Tel.: 06 61/
7 10 24/27;

Industrie- und Handelskammer Gießen
Bezirk: Stadt und Landkreis Gießen und der Vogelsbergkreis,
Lonystr. 7, Postfach 11 12 20, 6300 Gießen 2, Tel.:
06 41/7 20 52;

 *Südwestfälische Industrie- und Handelskammer zu Hagen*
Bezirk: Stadt Hagen, Märkischer Kreis, Ennepe-Ruhr-Kreis mit Ausnahme der Städte Hattingen und Witten,
Bahnhofstr. 18, Postfach 42 65, 5800 Hagen 1, Tel.: 0 23 31/390-1;

Handelskammer Hamburg
Bezirk: Staatsgebiet Hamburg,
Börse, Postfach 11 14 49, 2000 Hamburg 11, Tel.: 040/36 13 80

Industrie- und Handelskammer Hanau – Gelnhausen – Schlüchtern
Bezirk: Main-Kinzig-Kreis im Regierungsbezirk Darmstadt,
Am Pedro-Jung-Park 14, Postfach 662, 6450 Hanau 1, Tel.: 0 61 81/2 43 87/88

Industrie- und Handelskammer Hannover-Hildesheim
Bezirk: Hannover und die Landkreise Diepholz, Göttingen, Hameln-Pyrmont, Hannover-Land, Hildesheim, Holzminden, Nienburg, Northeim, Osterode am Harz, Schaumburg
Sitz und Hauptgeschäftsstelle Hannover, Berliner Allee 25, Postfach 30 29, 3000 Hannover 1, Tel.: 05 11/31 07-1;
Hauptgeschäftsstelle Hildesheim, Hindenburgplatz 20, Postf. 244, 3200 Hildesheim, Tel.: 0 51 21/105-1;

Industrie- und Handelskammer Ostwürttemberg
Bezirk: Ostalbkreis und Kreis Heidenheim,
Paulinenstr. 8, Postfach 14 60, 7920 Heidenheim,
Tel.: 0 73 21/3 01 91;

Industrie- und Handelskammer Heilbronn
Bezirk: Stadtkreis Heilbronn, Landkreis Heilbronn
und die Landkreise Hohenlohekreis, Main-Tauber-
Kreis, Schwäbisch Hall,
Kaiser-Wilhelm-Platz 4, Postfach 22 09, 7100 Heil-
bronn, Tel.: 0 71 31/6 84 55;

Industrie- und Handelskammer Mittlerer Oberrhein
Bezirk: Stadtkreise Karlsruhe und Baden, Landkreise
Karlsruhe und Rastatt,
Sitz 7500 Karlsruhe: Lammstr. 15–17, Postfach 34 40;

Industrie- und Handelskammer Mittlerer Oberrhein
Hauptgeschäftsstelle 7570 Baden-Baden: Lichtentaler
Str. 92, Postf. 420, Tel.: 0 72 21/7 10 41-43;

Industrie- und Handelskammer Kassel
Bezirk: Stadt Kassel, Landkreise Kassel, Hersfeld-
Rotenburg, Waldeck-Frankenberg, Marburg-Bie-
denkopf mit Ausnahme der Städte Biedenkopf und
Gladenbach sowie der Gemeinden Angelburg, Brei-
denbach, Dautphetal, Bad Endbach und Steffenberg,
Werra-Meißner-Kreis, Schwalm-Eder-Kreis,
Ständeplatz 17, Postfach 10 19 49, 3500 Kassel, Tel.:
05 61/78 91-1;

221

Industrie- und Handelskammer zu Kiel
Bezirk: Stadtkreise Kiel, Neumünster, Landkreise
Pinneberg, Plön, Rendsburg-Eckernförde, Steinburg,
Lorentzendamm 24, Postfach 26 40, 2300 Kiel 1, Tel.:
04 31/59 04-1;

Industrie- und Handelskammer zu Koblenz
Bezirk: Koblenz Stadt, Kreise Ahrweiler, Altenkir-
chen, Birkenfeld, Cochem-Zell, Kreuznach, Mayen-
Koblenz, Neuwied, Rhein-Hunsrück, Rhein-Lahn,
Westerwald,
Schloßstr. 2, Postfach 10 09, 5400 Koblenz, Tel.:
02 61/10 61;

Industrie- und Handelskammer zu Köln
Bezirk: Kreisfreie Städte Köln und Leverkusen sowie
Erftkreis, Rheinisch-Bergischer Kreis und Oberbergi-
scher Kreis,
Unter Sachsenhausen 10–26, Postfach 10 80 15, 5000
Köln 1, Tel.: 02 21/1 64 01;

Industrie- und Handelskammer Hochrhein-Bodensee
Bezirk: Landkreise Konstanz, Lörrach, Waldshut,
Sitz Konstanz: Schützenstr. 8, Postfach 13 20, 7750
Konstanz, Tel.: 0 75 31/2 30 21;

Industrie- und Handelskammer Hochrhein-Bodensee
Hauptgeschäftsstelle Schopfheim: Gottschalkweg 1,
Postfach 12 40, 7860 Schopfheim/Baden,
Tel.: 0 76 22/90 95;

Industrie- und Handelskammer Mittlerer Niederrhein
Krefeld – Mönchengladbach – Neuss
Bezirk: Die kreisfreien Städte Krefeld und Mönchen-
gladbach sowie die Kreise Neuss und Viersen,
Hauptgeschäftsstelle: Mönchengladbach, Neuss Sitz:
Nordwall 39, Postfach 14 30, 4150 Krefeld 1, Tel.:
0 21 51/635-0;
Hauptgeschäftsstelle Mönchengladbach: Bismarck-
str. 109, Postfach 383, 4050 Mönchengladbach,
Tel.: 0 21 61/241-0;
Hauptgeschäftsstelle Neuss: Friedrichstr. 40, Postfach
93, 4040 Neuss, Tel.: 0 21 01/2 61 01-2-3-4;

Industrie- und Handelskammer Limburg
Bezirk: Kreis Limburg-Weilburg,
Walderdorffstr. 7, Postfach 240, 6250 Limburg a. d.
Lahn, Tel.: 0 64 31/80 91;

Industrie- und Handelskammer Lindau/Bodensee
Bezirk: Landkreis Lindau,
Maximilianstr. 1, Postfach 13 65, 8990 Lindau, Tel.:
0 83 82/40 94-95;

Industrie- und Handelskammer für die Pfalz in Lud-
wigshafen am Rhein
Bezirk: Regierungsbezirk Pfalz,
Ludwigsplatz 2–3, Postfach 21 07 44, 6700 Ludwigs-
hafen am Rhein, Tel.: 06 21/59 04-0;

Industrie- und Handelskammer zu Lübeck
Bezirk: Hansestadt Lübeck; Kreise Herzogtum Lauenburg, Ostholstein, Segeberg u. Stormarn,
Breite Str. 6–8, Postfach, 2400 Lübeck 1, Tel.: 04 51/ 135-1;

Industrie- und Handelskammer Lüneburg-Wolfsburg
Bezirk: Kreisfreie Stadt Wolfsburg u. die Landkreise Lüneburg, Celle, Gifhorn, Harnburg, Lüchow-Dannenberg, Soltau-Fallingbostel und Uelzen,
Am Sande 1, Postfach 18 80, 2120 Lüneburg, Tel.: 0 41 31/4 10 01-3;

Industrie- und Handelskammer für Rheinhessen
Schillerplatz 7, Postfach 25 09, 6500 Mainz, Tel.: 0 61 31/464-0;

Industrie- und Handelskammer Rhein-Neckar
Bezirk: Stadtkreise Mannheim u. Heidelberg, Landkreis Rhein-Neckar u. Neckar-Odenwaldkreis,
Sitz Mannheim: L 1.2, Postfach 11 80, 6800 Mannheim 1, Tel.: 06 21/17 09-1;
Hauptgeschäftsstelle Heidelberg: Hans-Böckler-Str. 4, 6900 Heidelberg, Tel.: 0 62 21/2 57 53;

Industrie- und Handelskammer für München und Oberbayern
Bezirk: Regierungsbezirk Oberbayern,
Max-Joseph-Str. 2, 8000 München 2, Briefanschrift: Postfach, 8000 München 34, Tel.: 089/51 16-1;

Industrie- und Handelskammer zu Münster
Bezirk: Kreisfreie Städte Bottrop, Gelsenkirchen,
Münster, Kreise Borken, Coesfeld, Recklinghausen,
Steinfurt u. Warendorf,
Sentmaringer Weg 61, Postfach 40 24, 4400 Münster,
Tel.: 02 51/707-1;

Industrie- und Handelskammer Nürnberg
Bezirk: Bayerischer Reg.-Bez. Mittelfranken; Landkreise Nürnberger Land, Fürth, Ansbach, Erlangen-
Höchstadt, Roth, Weißenburg-Gunzenhausen, Neu-
stadt a. d. Aisch/Bad Windsheim; Stadtkreise Ansbach, Erlangen, Fürth, Nürnberg, Schwabach,
Hauptmarkt 25–27, Post-Abholfach, 8500 Nürnberg
106, Tel.: 09 11/2 05 91;

Industrie- und Handelskammer Offenbach am Main
Bezirk: Stadt Offenbach a. M., Landkreis Offenbach
a. M.,
Stadthof 5, Postfach, 6050 Offenbach, Tel.: 06 11/
81 30 57;

Oldenburgische Industrie- und Handelskammer
Bezirk: Kreisfreie Städte Delmenhorst, Oldenburg,
Wilhelmshaven, Landkreise Ammerland, Cloppen-
burg, Friesland, Oldenburg, Vechta, Wesermarsch,
Moslestr. 6, Postfach 25 45, 2900 Oldenburg, Tel.:
04 41/22 20-1;

Industrie- und Handelskammer Osnabrück-Emsland
Bezirk: Stadt Osnabrück, Landkreise Emsland (ohne
Stadt Papenburg), Grafschaft Bentheim, Osnabrück,
Neuer Graben 38, Postfach 30 80, 4500 Osnabrück,
Tel.: 05 41/353-0;

*Industrie- und Handelskammer für Niederbayern und
Passau*
Bezirk: Reg.-Bezirk Niederbayern (mit Ausnahme
des Landkreises Kelheim),
Nibelungenstr. 15, Postfach 17 27, 8390 Passau 1,
Tel.: 08 51/50 72 30;

Industrie- und Handelskammer Nordschwarzwald
Bezirk: Stadtkreis Pforzheim, Landkreise Calw, Enz-
kreis, Freudenstadt, Werderstr. 11, Postfach 920,
7530 Pforzheim, Tel.: 0 72 31/28 01;

Industrie- und Handelskammer Regensburg
Bezirk: Reg.-Bez. Oberpfalz und Landkreis Kelheim,
D.-Martin-Luther-Str. 12, Postfach 11 03 55, 8400
Regensburg 11, Tel.: 09 41/5 69 41;

Industrie- und Handelskammer Reutlingen
Bezirk: Region Neckar-Alb; Landkreise Reutlingen,
Tübingen, Zollernalbkreis,
Hindenburgstr. 54, Postfach 118, 7410 Reutlingen,
Tel.: 0 71 21/201-0;

Industrie- und Handelskammer des Saarlandes
Bezirk: Saarland,
Hindenburgstr. 9, Postfach 136/137, 6600 Saarbrük-
ken, Tel.: 06 81/50 81;

Industrie- und Handelskammer Siegen
Bezirk: Kreise Siegen u. Olpe,
Koblenzer Str. 121, Postfach 10 04 01, 5900 Siegen 1,
Tel.: 02 71/33 60 21;

*Industrie- und Handelskammer Stade für den Elbe-
Weser-Raum*
Bezirk: Landkreise Cuxhaven, Osterholz, Rotenburg
(Wümme), Stade, Verden,
Am Schäferstieg 2, Postfach 14 29, 2160 Stade, Tel.:
0 41 41/6 10 95-98;

Industrie- und Handelskammer Mittlerer Neckar
Bezirk: Stadtkreis Stuttgart sowie die Landkreise
Böblingen, Esslingen, Göppingen, Ludwigsburg u.
Rems-Murr-Kreis,
Sitz Stuttgart: Jägerstr. 30, Postfach 84, 7000 Stutt-
gart 1, Tel.: 07 11/20 05-1;
Bezirkskammer Böblingen: Bahnhofstr. 7, Postfach
13 70, 7030 Böblingen, Tel.: 0 70 31/22 50 74;
Bezirkskammer Esslingen: Fabrikstr. 1, Postfach 247,
7300 Esslingen a. N., Tel.: 07 11/35 91 41;
Bezirkskammer Göppingen: Franklinstr. 4, Postfach
623, 7320 Göppingen, Tel.: 0 71 61/7 90 53;

Bezirkskammer Ludwigsburg: Kurfürstenstr. 4, Postfach 609, 7140 Ludwigsburg, Tel.: 0 71 41/122-1; Bezirkskammer Nürtingen: Bismarckstr. 8–12, Postfach 14 20, 7440 Nürtingen, Tel.: 0 70 22/3 40 26;

Industrie- und Handelskammer Trier
Bezirk: Kreisfreie Stadt Trier sowie die Kreise Trier-Saarburg, Bernkastel-Wittlich, Daun, Bitburg-Prüm, Kornmarkt 6, Postfach 22 40, 5500 Trier, Tel.: 06 51/ 71 03-0;

Industrie- und Handelskammer Ulm
Bezirk: Stadtkreis Ulm, Landkreis Biberach, Alb-Donau-Kreis,
Olgastr. 101, Postfach 24 60, 7900 Ulm, Tel.: 07 31/ 173-0;

Industrie- und Handelskammer Schwarzwald – Baar – Heuberg
Bezirk: Landkreis Rottweil, Schwarzwald-Baar-Kreis, Tuttlingen,
Romäusring 4, Postfach 15 60, 7730 Villingen-Schwenningen, Tel.: 0 77 21/31 01;

Industrie- und Handelskammer Bodensee-Oberschwaben
Bezirk: Bodenseekreis, Landkreis Ravensburg, Landkreis Sigmaringen,
Lindenstr. 2, 7987 Weingarten, 7980 Ravensburg, Tel.: 0 71 51/4 10 91;

Industrie- und Handelskammer Wetzlar
Bezirk: Stadt u. ehemaliger Kreis Wetzlar,
Friedenstr. 2, Postfach 18 40, 6330 Wetzlar, Tel.:
0 64 41/4 40 96;

Industrie- und Handelskammer Wiesbaden
Bezirk: Stadt Wiesbaden, Rheingau-Taunus-Kreis,
vom Main-Taunus-Kreis die Stadt Hochheim,
Wilhelmstr. 24–26, Postfach 34 60, 6200 Wiesbaden,
Tel.: 0 61 21/3 94 26;

Industrie- und Handelskammer Würzburg Schweinfurt
Bezirk: Im Reg.-Bez. Unterfranken die Stadt- u.
Landkreise Würzburg u. Schweinfurt sowie die Land-
kreise Bad Kissingen, Haßberge, Kitzingen, Main-
Spessart u. Rhön-Grabfeld,
Neubaustr. 66, Postfach 127, 8700 Würzburg 11, Tel.:
09 31/301-0;

Industrie- und Handelskammer Wuppertal – Solingen
– Remscheid
Bezirk: Kreisfreie Städte Remscheid, Solingen, Wup-
pertal,
Hauptgeschäftsst. Wuppertal: Islandufer 21, Postf.
13 01 15, 5600 Wuppertal 1, Tel.: 02 02/44 40 81;
Bezirksst. Remscheid: Elberfelder Str. 49, Postf.
10 04 09, 5630 Remscheid 1, Tel.: 0 21 91/2 30 75;
Bezirksstelle Solingen: Kölner Str. 8, Postfach
10 07 85, 5650 Solingen 1, Tel.: 0 21 22/2 30 21.

 **Rationalisierungs-Kuratorium der Deutschen Wirtschaft e.V.**

RKW-Zentrale
Düsseldorfer Str. 40, Postfach 58 67, 6236 Eschborn, Tel.: 0 61 96/495-1;

RKW Baden-Württemberg
Königstr. 49, Postfach 328, 7000 Stuttgart 1, Tel.: 07 11/29 17 43/44;

RKW Bayern
Augustenstr. 84, Postfach 20 20 08, 8000 München 2, Tel.: 089/5 23 01-0;

RKW-Büro Nürnberg
Aufseßplatz 21, 8500 Nürnberg 40, Tel.: 09 11/4 39 51/52;

RKW Berlin
Rankestr. 5–6, 1000 Berlin 30, Tel.: 030/8 81 50 21;

RKW Bremen
Hinter dem Schütting, Postfach 10 24 62, 2800 Bremen 1, Tel.: 04 21/32 33 16;

RKW Hamburg
Heilwigstr. 33, 2000 Hamburg 20, Tel.: 040/4 60 20 87;

RKW Hessen
Düsseldorfer Str. 40, Postfach 58 67, 6236 Eschborn,
Tel.: 0 61 96/495-1;

RKW-Büro Kassel
Im Bruseltal 12, 3500 Kassel, Tel.: 05 61/31 45 21;

RKW Niedersachsen
Friesenstr. 14, 3000 Hannover 1,
Tel.: 05 11/34 10 90;

RKW-Stützpunkt Braunschweig
Garküche 3, 3300 Braunschweig, Tel.: 05 31/4 71 51;

RKW Nordrhein-Westfalen
Sohnstr. 70, 4000 Düsseldorf, Tel.: 02 11/66 61 96;

RKW Rheinland-Pfalz
Schillerstr. 26–28, Postfach 34 42, 6500 Mainz, Tel.:
0 61 31/23 37 61-3;

RKW Schleswig-Holstein
Niemannsweg 18, 2300 Kiel 1, Tel.: 04 31/56 30 75/
76.

Produktivitätszentrale Saar e.V.
Hindenburgstr. 9, Postfach 136/137, 6600 Saarbrük-
ken 1, Tel.: 06 81/508-1